许小鸣／著

我的生活我的梦

——揭阳奋斗者

中国国际广播出版社

图书在版编目（CIP）数据

我的生活我的梦：揭阳奋斗者／许小鸣著. — 北京：
中国国际广播出版社，2023.6

ISBN 978-7-5078-5352-0

Ⅰ.①我… Ⅱ.①许… Ⅲ.①劳动模范-先进事迹-
中国-现代 Ⅳ.①K820.7

中国国家版本馆 CIP 数据核字（2023）第 111157 号

著　　者	许小鸣
责任编辑	万晓文
校　　对	张　露
出版发行	中国国际广播出版社有限公司［010-89508207（传真）］
社　　址	北京市丰台区榴乡路 88 号石榴中心 2 号楼 1701
	邮编：100079
印　　刷	成都兴怡包装装潢有限公司
开　　本	145mm×210mm　1/32
字　　数	150 千字
印　　张	6.625
版　　次	2023 年 6 月 北京第一版
印　　次	2023 年 6 月 第一次印刷
定　　价	48.00 元

展出时代的风貌

（代序）

　　无论世界风云如何变幻莫测，劳动者永远是汇聚人类历史长河的生力军，劳动永远是占据社会生活的主要内容。2022 年中国进入新的一百年历史时期，揭阳市总工会立足本职，在新时代以有为担当、积极向上的工作姿态，以创新的工作方式，广泛开展以劳动者为主体的宣传活动，将话语权和描述对象归还劳动者。为此，揭阳市总工会举办了诸多活动，其中一项为"中国梦·劳动美"建功新时代主题宣传活动。活动以塑造一批积极向上的时代劳动者形象为宗旨，展现新时代各个行业劳动者的奋斗故事。他们用励志的人生温暖时代、激励人心。他们不一定是成功者，但他们坚守过、努力过，无愧于自己的人生。

　　选择对象由全市各单位（部门）工会、行业推荐及个人自荐等方式报名，并由推荐单位汇总报送至县（市、区）总工会办公室，再由县（市、区）挑选后报送至市总工会。最后，市总工会遴选出热爱祖国、拥护党的领导、具有良好的职业道德、具有较强的专业能力和专业精神、具有社会责任感、遵纪守法、爱岗敬业、乐于奉献、品德端正、品格高尚、能扎扎实实做好工作的普通一线劳动者，并对他们的事迹进行采写和宣传报道。他们在某方面技能精湛，在相关行业领域起到的引领示范作用较明显。在经济活动和社会生活中，他们讲信用、重诚信、以德为先、以信立业，在社会上有较好的信誉，受到群众广泛赞誉。虽然他们在平凡的工作岗位上，但是事迹突出感人，具有强大的道德感染力和精神感召力。以此反映我市各行各业劳动者的先进事迹，可以让公众尊重劳动者，形成崇尚劳动的风气；树立新的社会榜样，引导广大职工积极践行社会主义核心价值观，唱响劳动最美丽的时代主旋律，更好地展示我市各行业一线职工爱岗敬业、争创一流、无私奉献的良好形象；以点带面，进而介绍各行各业建设发展的情况，让这些具有正能量，洋溢着热情、乐观与美好心灵的人物故事，提振人心，凝聚力量，成就美好向上的时代精神。

本次活动与《揭阳日报》合作，以"奋斗者"为标题在《揭阳日报》推出。本栏目从 3 月份发起，4 月 19 日推出第一篇，到 8 月 25 日结束，共推出 25 人。这些人有下岗再创业成功的卤味师傅，有坚守一生的工匠，有开荒拓土的从艺者，有回乡种养创业的"新农人"，他们来自社会的各个角落，在各自的行业里默默无闻地将劳动精神和工匠精神体现在平凡而艰辛的日常中，为自己的人生奋斗，为家庭的幸福生活劳作。

本栏目由许小鸣主笔撰写，以人物通讯见诸报端。她既是记者又是作家，发挥了其一贯擅长撰写人物的特长，使得故事贴近生活，充满真情实感，直达人心，展现出劳动者人生奋斗历程的酸甜苦辣，反映了平凡劳动者坚韧而乐观的精神面貌。同时，许小鸣还独具匠心地在人物通讯之外以"记者手记"拓展，发掘了相关资料，以弥补新闻体裁中人物通讯撰写的缺陷。写卤味师傅时，许小鸣把潮汕卤味的制作"讲究"全部写了出来，有兴趣学习潮汕卤味制作方法的人可以把这篇文章当成教科书；写大漆工匠徐填波时，许小鸣挖掘了中国大漆发展的历史进程；写拓片工匠王灿辉时，许小鸣把拓片的相关知识全部揽下，使读者可以从中获取相关的资料。这样就可以使人们在了解人物奋斗史的同时尽可能多地获得知识，也使得该书更加具有可读性与趣味性，远离了人物通讯的枯燥与单调。

对于本次活动，市总工会将采写人物结集成册，作为本年度活动成果，在该书付梓之际，以此代序。

揭阳市总工会

2022 年 11 月 28 日

目 录 Contents

从养家糊口到追求精制潮味

——记潮式卤味制作师林旭光

　　林旭光是一名潮式卤味制作师，出生于普宁，一直在榕城居住。林旭光从事这个行业已经有 6 个年头，主要制作卤鹅、卤鸭、卤猪脚等潮式卤味。他每天清晨 7 点上街买生猪蹄，进生鹅鸭，然后回家处理食材，就用去一个上午时间。吃完中午饭就开锅卤制，下午 4 点出街开店，直到晚上 7 点多关店。他忙碌而充实的一天基本就这样过去了。

　　许多人在卤鹅、卤鸭、卤猪蹄时用一锅汤的制作方法是不对的，不同的食材要用不同的香料。6 年来，林旭光总结了一整套属于自己的经验。他介绍说，做好潮式卤味有 3 个最重要的关键点，就是"精、准、巧"。一是食材精；二是香料搭配准；三是火候掌握巧。掌握了这 3 点，味道就不会差到哪里去。他反复强调，食材一定要"A 级货"，香料一定要新鲜。为了寻找新鲜食材，他千方百计、反复踩点，考察出澄海隆都生鹅屠宰场的供应链。香料都是他定期到汕头鸥汀批发市场买的。他说香料超过一定时间后，香气就会变，所以为了保证香气的稳定，超过时间的香料就要扔掉。为了准确配量香料，林旭光买了克称电子秤反复试制，每次搭配香料时都要根据食材的多少随机增减搭配。说到火候的掌握，林旭光认为这不仅需要人的悟性，而且还需要慢慢磨，不断实验，积累经验。一开始他还要时钟和温度计并用，后来慢慢地可以从水花和香气的变化中掌握火候了。

说起进入这个行业，林旭光坦言，起初只是为了养家糊口，但慢慢地他就被这些味道迷住了，于是把制作好卤味当成自己的人生事业，精益求精。原先他曾是某大品牌酒业的粤东片区经理，由于市场受客观条件影响，前景堪忧，所以在2012年时，他选择辞职另谋出路。但这一等就是2年，他几乎花光了此前10年的积蓄，却都没有找到出路。2014年在妹夫的劝说下，他跟着学做卤味。他说，一开始其实很别扭，但他上有老，下有小，生活所迫，没有办法。他放下了以前出入高级场所那身行头，跟着妹夫学习，做起了粗活。单学习去毛等食材处理工序就熬了三四个月，刀工训练就花了半年时间，双手遭了不少罪，原来皮细肉嫩的双手磨起了厚厚的肉疙瘩。最后的卤料搭配和火候训练又熬了整整1年。终于熬到可以"自立门户"，在妻子和亲友的支持下筹足了4万元本钱，说干就干了。

这个行业的竞争其实也不小，但林旭光靠着食材鲜、品质好，做到了天天售罄。可还是没有赚到钱，因为量小，进货靠中间商，一直入不敷出，他很犯愁。有人劝他降低成本，但吃的东西是不能糊弄的，良心使他咬咬牙，挺住了。渐渐地，销量大了，屠宰场可以直接供货。这样就减少了中间商成本，他的生意得到了维持，也站住了脚跟。生存问题解决了，林旭光就开始追求精益求精。

林旭光说，每次回头客的一句肯定都会让他产生很大的成就感，于是他兴致越来越高，也越发执着。他说澄海卤味有人嫌咸，潮州卤味有人嫌甜。那么，如何做出揭阳人自己的口味呢？每次见到回头客，他都会询问人家意见，并集结大多数人的共同口味进行改进，誓要做出揭阳人喜欢的卤味。

从开店做生意之初，他就按照国家对食品卫生的管理要求，办理了食品经营卫生许可证、工商营业执照、健康证。2021年，市人社局开展了扶持再创业的专项培训，林旭光参加了潮式卤味师培训并考核合格，获得了专业技术资格证（上岗证）。他说，店虽小，但是也要跟上时代的步伐。目前，已有几家潮菜餐厅向他定点采购卤味。6年的坚守，使他找到了一条可以自力更生的道路。

记者手记

卤味是一道具有潮汕特色的代表菜品，以其独特的风味赢得了海内外食客的喜爱。潮汕人的大餐宴席上都少不了卤味。潮汕卤味有三大美食——卤鹅、卤鸭、卤猪脚。

卤味的主要食材是鹅、鸭、猪脚、猪附件，还有各种蛋类、猪皮、鸡鸭脚、腐竹等。佐料是八角、丁香、大小茴香、川椒、肉桂、香茅、蒜头、红糖、老抽等。制作师傅会根据各人的经验和喜好对香料做加减调整。

鹅、鸭食材是有分类的，分为A、B、C三类。

A类是上等优质的食材，饲养的天数足，而且不会过老。皮的弹性好，毛孔的排列整齐度高，没有细小杂毛，没有整块的脂肪。

B类是饲养天数不足、肉质不厚的食材，毛发育不成熟，并且会有细小的杂毛，难以处理，有点难看。

C 类是最差的食材。就是当市场行情疲软，而鹅、鸭已经养足天数，非杀不可时，不得已全部杀完放进冻库，等到价格上涨且生鲜货已经没有了的时候，再拿出来出售。这种肉虽然下了香料，味道不错，但吃起来没有鲜甜与嫩感，肉质已经有了明显的纤维化。追求完美的良心商家是不会采用这种食材的。

其实，潮汕各个地方的卤味口味是有差别的，出名与否全看各地的宣传，澄海的卤鹅已经成为名优产品，主要是因为形成了规模化的产业。三饶是著名的鹅苗产地，隆都是著名的肉鹅养殖基地，汕头瓯汀是粤东最大的香料市场，形成了巨大的产业链。

揭阳市实施了"粤菜师傅工程"，也打造了惠来的隆江猪脚，把惠来的隆江猪脚推广宣传出去，使外地人也知道了揭阳这款卤味。其实，揭阳市的猪脚也不光有惠来的隆江猪脚，还有新河猪脚。新河村厨师多，以前潮汕做好事会请厨师上门服务，新河村人有这种上门服务做菜的传统，卤味就是其中必备的一道大菜。卤猪脚就这样成了地域性名菜。

揭阳最出名的是卤猪脚，除了大家熟知的隆江卤猪脚，还有新河卤猪脚。但这里向大家介绍的是另外一款卤猪脚，这款卤猪脚也是卤味师林旭光做的，人称榕城猪脚。这款卤猪脚色香味俱全，口感弹牙而不硬，软糯而不烂，咸香而不腻，吃过的人都说好。

揭阳人家庭晚餐比较习惯吃卤味，每到傍晚下班时间，卤味店就顾客盈门。刚刚出锅的一盆盆热气腾腾的卤肉摆放整齐，香飘四溢，人们大老远就能闻到香味。榕城区进兴路丹桂花园西侧 5 号店面，就是卤味制作师傅林旭光的店面。进店便可以看到刚刚切开的猪脚肉色鲜嫩清亮，富有弹性，皮色润泽。林旭光介绍，近期鹅的价格上涨，猪肉价格平稳，近期的卤猪脚性价比比较高且适合大众消费，卤猪脚当然是在适口好吃的基础上的最佳选择。

林旭光做的卤猪脚确实不错。前些日子去采访的时候，我向他了解卤制猪脚的全过程，恰好林旭光正在准备为一家酒楼的预订喜宴做60多斤猪脚，他从早上7点钟就开始忙活了。目前市面上做卤猪脚的人很多，但做出一款让顾客吃了都觉得好吃的卤猪脚还是需要技术的。林旭光在卤制猪脚一事上有自己的一套经验和要求。他说，首先食材需要讲究，猪脚要取新鲜的原肉，皮要干净白嫩，不能有淤血、伤红点。他说，有人认为卤味食材不用挑剔，香料一放，一个样。其实不然，食材的新鲜度会很明显地影响口感。对于食材的处理也要讲究，去毛处理干净后要多漂洗几遍，并放进冰箱速冻10—15分钟，再拿出来清洗。这样做可以使猪脚的皮迅速收紧，挤压出骨头和毛细血管里面的血水，去掉肉质的涩味，保延肉质口感的纯正。然后放香料包，用高压锅煮，在气阀开始有气上来后计时30分钟，关火，放置3个小时再开锅。林旭光介绍，关火后再放置3个小时开锅，会使猪脚更入味，并保持胶质软糯弹牙、香醇可口的口感。

林旭光制作卤猪脚的配方其实并没有什么特别，分别是八角、肉桂、干辣椒、丁香、陈皮、白豆蔻、草果、香叶、小茴香、白芷、香菇（过油）。林旭光说，保持这种受人欢迎的味道并不难，用什么药材和香料其实没有什么秘密。如果真的有什么秘密，就是香菇一定要爆油。这几年只要有人问，他都毫不吝啬地把配方贡献出来。他说作为粤菜支系的潮菜，作为潮菜主角的卤味，能够被发扬光大是好事，能够把揭阳最好卤猪脚味道推广出去更是一件好事。

揭阳日报

2022年4月 **19** 星期二

壬寅年三月十九 三月二十四日

中共揭阳市委机关报 揭阳日报社主办

一季度中国经济同比增长4.8%

开局总体平稳

中办国办发《意见》

加强打击治理电信网络诈骗违法犯罪工作

23条金融举措出台
支持实体经济力度再加强

王胜同揭西县调研、强调

推动乡村建设提质增效

促进政务服务质量持续提升

驻普宁市船埔镇俯镇扶村工作队努力提升群众生活品质

完善公共基础设施　助推美丽圩镇建设

奋进新征程 建功新时代

南药种植带动农民增收

从养家糊口到追求精制潮味
——记潮式卤味制作师林旭光

从养家糊口到追求精制潮味
——记潮式卤味制作师林旭光

正在制作卤猪脚的林旭光

将猪脚放入卤水中

洗好的猪脚

加入料包

卤好的猪肘

卤好的猪肘

卤鸭

卤鸭

片好的卤鸭

以工养艺，三十年拓"片"潮汕

——记榕城区炮台镇拓片师傅王灿辉

王灿辉是榕城区炮台镇塘埔王村人，是一名美术工艺师，也是炮台镇文化站职工。他很早就接触到碑刻，爱上了碑刻，一心想要把碑刻字样复制下来保存，于是学习了拓片。30多年来靠制作字画为生，工作之余走遍潮汕，拓下了大量古碑记石刻。他受命于炮台镇文化站，创办了桑浦文化公司和炮台潮汕书画艺术馆，并分别出任经理和馆长，主要负责两个单位的书画展览。

一念成痴，执着一生

说到与拓片结缘，王灿辉没有过多的粉饰。因为谋生需要，他早年干过木匠。20世纪80年代，在给人做各种牌匾的时候，客户会拿拓下来的字让他做，他就开始知道有拓片这种技术。那些拓下来的古字，在王灿辉心里留下了深刻的印象。他开始只是觉得很好看，看了很开心。在野外游玩时看到那些年代久远的古老石刻，被风雨侵蚀，有的已经很模糊，如果不及时保留，很有可能最后消失在自然界。想到这些，他觉得十分可惜，于是突发奇想，如果用拓片技术把石头上的字拓下来，在纸上复原，也许就能永久保存下来。于是，他拜师学艺开始做拓片。

几十年来，因为谋生的需要，王灿辉干过很多工作，后来基本都在做书画工作，即从制作镜框到书画买卖。因为与书画打交道，他又开始自己学习裱画。但无论做什么事情，他都没有忘记要去做拓片这件事。王灿辉说，拓片需要时间，也需要经济支持，因为所做事情纯属个人爱好，也没有谁拿一分钱支援他。如果没有钱，那他什么也做不了，所以只能以工养艺。一有空，他就会挤时间出去做拓片。直到 2010 年，基本渡过生存困难期，王灿辉一有空就背着工具出门做拓片去了。

不辞辛劳，收集古迹碑刻

做碑刻拓片是一件很辛苦的事情，王灿辉总是不辞劳苦，在野外作业时还要顶着烈日。有时天气很好，但中途就下雨，他所作的一切也白费了。有时，他还需要翻山越岭。由于拓片过程属于纯自然风干操作，时间跨度比较长，最容易做的也需要 3 个至 5 个小时，通常都需要一天，还不包括来回时间。所以，他要计算好时间，经常披星出门，戴月回家。

有些古迹碑刻在高高的大石块上面，需要借助工具来拓片。2015 年，他去桑浦山红峰林场里面拓《大观山古记跋》，这块石刻是黄庭坚的第六代孙手书。由于年代久远，脚下已经乱石穿空、杂草丛生，他需要砍树搭架，并整整花了 2 天时间，还要在那里过夜。好在有林场工作人员搭手帮忙，还有伐木工具，不然单靠自己是无法完成的。面对这些，王灿辉一点儿也不觉得辛苦。他说，做自己想做的事情是很快乐的。

传承非遗　传播技艺

为了提高自己的技术水平，王灿辉不断学习。2021年，他参加国家紧缺人才培养工程项目的高级非遗传承培训师培训，成绩合格，获得了国家紧缺人才培养工程"高级非遗传承培训师（传统美术）"资格证书。他所在的炮台潮汕书画艺术馆，也在2021年被广东省非遗研学院授予"非遗研学基地"，他负责教授拓片和装裱工艺。为了向学生传授拓片技术，他专门从山西购买来汉白玉名家石刻作为教具。

王灿辉有一个远大的计划，他要从揭阳开始拓，把整个潮汕的碑刻都拓完，再到全省，再到全国，能拓多少是多少。现在潮汕地区的碑刻已经拓得差不多了，逐渐开始扩展到毗邻的其他地方。王灿辉说，余生要做两件事，一件是继续拓片，另一件是传承拓片非遗工艺。

以工养艺，三十年拓"片"潮汕
——记榕城区炮台镇拓片师傅王灿辉

□记者 许小鸣

王灿辉是榕城区炮台镇塘埔王村人，是一名工艺美术师，也是炮台镇文化站站长。三十多年来，他走遍潮汕，拓下了大量古碑记石刻。他在炮台镇文化站指导下创办了桑浦文化公司和炮台潮汕书画艺术馆，并出以艺养工艺的模式。

与拓片结缘后以工养艺

谈到拓片与拓画，王灿辉很受启发，从他早年习武开始……

不辞辛劳收集古迹碑刻

做碑刻拓片是一件辛苦的事情……

传承非遗传播技艺

为了提高技术水平，王灿辉不断学习。2021年，他参加国家紧缺人才培养工程项目的高级非遗传承培训师培训，获得了国家紧缺人才培养工程"高级非遗传承培训师（传统美术）"资格证书，他所在的炮台潮汕书画艺术馆，也在2021年被广东省非遗研学院授予"非遗研学基地"，他负责教授拓片和装裱工艺。

王灿辉有一个远大的计划，他要把整个潮汕的碑刻都拓完，再到全省全国，能拓多少是多少。现在潮汕地区的碑刻已经拓得差不多了，正逐渐扩展到毗邻的其他地方。

揭阳日报

2022年5月19日 星期四 农历壬寅年四月十九 四月廿一小满

中共揭阳市委主管、主办 揭阳日报社出版

国内统一刊号：(0744-0083) 今日8版 总第1088期

习近平同菲律宾当选总统马科斯通电话

庆中荷建交50周年
习近平同荷兰国王威廉-亚历山大互致贺电

习近平在庆祝中国国际贸易促进委员会建会70周年大会暨全球贸易投资促进峰会上发表视频致辞

"总书记的激励让我们创新的劲头更足了！"

总书记和人民心贴心

□本报评论员

恩来请河资深：
魅力渔港
海岸明珠

市美丽圩镇创建现场推进会在揭东区召开
因地制宜建设美丽圩镇

普宁市税务局落实落细国家支持乡村振兴税费优惠政策
线上线下齐发力 助企利民暖人心

□本报记者 黄晓生 通讯员 黄丹

我市组织收看全省疫情防控工作电视电话会议并部署相关工作
精准对标对表
确保各项防控措施落地落实

以工养艺，三十年拓"片"潮汕
——记榕城区地台镇拓片师傅王灿辉

□记者 林宝凤

我市组织收看全省文明城市创建形势分析电视电话会议
不断提升全省文明城市
创建整体水平

记者手记

拓片在我国历史悠久，据说已有1000多年，但是具体诞生于何时，没有历史可考。目前可以看到的最早的拓片记录，是在南朝梁代虞龢《论书表》中的记载："拓书悉用薄纸。"这句话是世界公认的最早的关于拓片的记录。纸和墨的使用是拓片产生的两大基础，由此可推知，汉晋时期可能已有拓片问世了，可惜的是史籍记载和实物证据尚未有迹可循。

根据《现代汉语词典》中的解释，拓片是把碑刻、铜器等文物的形状和上面的文字、图像等摹印下来的纸片。《齐鲁文化大辞典》对拓片的注解是"用经湿润的宣纸紧复在碑碣或金石文物上，另以柔软而略有弹性并蘸有墨汁的工具在宣纸上多次打拓，使文物表面凹凸的文字或图形显现在宣纸上，干后揭下的宣纸"。

古代没有摄影，要把各种器物上面的图文保存下来，就需要采用拓片。拓片既是一种记录史料的工具，也是记录史料的方法。拓片能够从器物上直接拓印下来的，能够清晰、鲜明、完整、准确、真实、生动、直观地反映器物原件的纹样和神韵。因为原貌原样的复制效果，它成为记录和保存的重要形式之一，从而成为传承和保护中国传统文化的重要手段。

拓片有广义拓片与狭义拓片之分。广义上的拓片指的是将纸张覆盖在器物表面，并用墨将器物上的花纹、文字甚至形状拓印下来的记录纸张。它的对象可以包罗万象，如碑刻墓志、摩崖石刻、宗教造像、甲骨、青铜、钱币、砖瓦、陶瓷、玉石等各类器物。狭义上的拓片主要指的是青铜器和碑拓。

拓片又被称作拓本。总体上说，拓片是利用吸水性较好的纸张和色彩鲜明的染料，将器物上的花纹、文字等纹样拓印出来而得到的纸张，是中国古代一项重要的传统文化技艺。

隋唐时期，关于拓片的历史记录和诗词记载明显增多。至宋代，拓片发展更加繁荣，这主要得益于宋代经济的繁荣与发展以及社会生活水平的大大提高，宽松的社会环境带来了人文鼎盛，崇古之风随之盛行，文人好古。同时，丰富的物质生活推动着金石学的蓬勃发展，促进了收藏古物、辑录古物和研究古物之风的形成。一方面，对古代名碑进行大量拓印、再翻刻，于是涌现出很多拓本、刻帖精品；另一方面，大量拓印青铜器的铭文、纹饰。自宋开始，拓片的发展与金石学紧密联系起来。

明清时期，在金石学取得重大发展的同时，甲骨学兴起，拓片的发展再上一个台阶。随着近代考古学在中国的产生和不断发展，金石学逐渐融入考古学中，成为考古学的重要组成部分，与此相应的是拓片技艺也获得了更广阔的发展空间。因此，拓片技艺在文物考古工作中被越来越广泛地应用起来。

拓片形式多样，涉及广泛，按照不同分类标准，可划分为不同的类别。

按照年代划分，拓片有唐拓、宋拓、元拓、明拓、清拓、民国拓等。

按照颜色划分，拓片分为墨拓、朱拓、彩拓等。墨拓为用墨拓印的拓片；朱拓为用朱砂拓印的拓片；彩拓为用多种颜料拓印的拓片。

按照拓法划分，拓片分为擦拓、扑拓、淡墨拓、浓墨拓、乌金拓、蝉翼拓、镶拓、隔麻拓、瓜皮拓、夹纱拓、打拓、扫拓、响拓、颖拓等。擦拓是将毡卷或扑子蘸墨后，用其横向一擦而过覆盖在器物表面的纸，字迹花纹就会出现在纸面上，这种拓法适用于较大平面的器物。扑拓是用细棉布或丝绸包裹棉花做成馒头形状的扑子上墨，垂直扑打文字纹饰成拓片。淡墨拓指的是用淡墨擦拓的拓印方法。浓墨拓指的是用墨黝黑浓重的拓印方法。乌金拓指的是用墨厚重，获得乌黑而有油脂的光泽，同时具有层次和质感的拓片的拓印方法。蝉翼拓指的是用墨极淡如蝉的羽翼的拓印方法。镶拓指的是先用小扑子拓印大字边缘，再用墨将拓片镶补完整的方法，多用于摩崖大字题刻拓印。据《中华书学大辞典》释义，隔麻拓指的是用棉麻布沾足浓墨，拓取摩崖碑刻等石面粗糙者，以及文字、幅面宽大之碑碣，麻布粗纹与粗犷石面相结合，别有趣致。或指用麻布纹纸的拓帖法，为防止刻版皲裂，而在版上裹一层麻布再拓，多见于宋代拓本。瓜皮拓指的是文字部分用浓墨，文字间隙的空白用淡墨隔开，整张拓片墨色浓淡相间，类似西瓜皮纹样的传拓方法。少数亦有文字用淡墨，空白用浓墨。打拓，亦作"椎拓""棰拓""毡拓"，指的是用扑包或毡卷蘸墨，捶打覆盖在器物表面上的纸而得到拓片的拓印方法。扫拓指的是用墨笔或刷子斜扫覆在器物表面上的纸而得到拓片的拓印方法，响拓亦称"向拓""影书""影覆"，指的是将透明薄纸平铺在碑帖上，向光透明，用笔双钩轮廓，然后用小扑子影拓或墨笔填墨，多用于拓善本碑帖。颖拓也作"笔拓"，指的是用毛笔在纸上画、抹、点出拓片效果的方法。

按照拓片内容的表现形式划分，拓片有平面拓与全形拓之分。平面拓，出现时间最早，存世量最多，内容最广泛。顾名思义，平面拓拓印的是较为平面的器物，展现的是器物二维平面，多用于石刻碑志等的拓印。全形拓，也称立体拓、器物拓、图形拓，出现于清代，是一种主要以墨拓技法完成，辅以线描、绘画、传拓、剪纸等技法，把器物三维立体原貌转移到平面拓纸上的一种技艺。全形拓的优点在于能依原器之大小，使造型花纹展现于纸上。

按照拓片版本不同，拓片可分为孤本、善本或珍本、初拓本、精拓本、翻刻本、重刻本、伪刻本等。孤本指传世有且只有一本，价值级别最高的拓本。善本或珍本为年代早、流传少、拓制精的拓本。初拓本为最早的拓本。精拓本为拓制精美的拓本。翻刻本为原拓尚在，另行刻制传拓的拓本。重刻本为原拓不存，重新刻制传拓的拓本。伪刻本为无原拓，文辞字体仿造的拓本。

制作拓片所需的材料，主要为纸、颜料、水等。

拓片用纸有宣纸、皮纸、高丽纸、蜡坯纸等。宣纸优点众多，为主要用纸。

拓片用颜料主要有墨（黑色）、朱砂（红色），还有石青、石绿、金色、花青色、赭石等。墨又分为油烟墨、松烟墨。油烟墨一般由桐油灰制成，松烟墨则由松木烟灰制成。

拓片用水主要为清水、白芨水，还有口水、米汤水、矾水、化学胶水、化学糨糊等。根据器物表面粗糙程度，调制采用不同浓度用水，增强用纸吸附性。口水不卫生，矾水易损纸伤石，不利文物保护和拓片保存，这些均不常用。

制作拓片所需的工具，与所用材料相关，主要有裁纸、锤纸、储水、上水、制墨、上墨等工具。拓片在文物考古工作中的作用依然不减，是文物摄影、线图、文字说明的重要补充，是文物考古工作者开展进一步研究的重要资料。很多考古报告、简报、研究著作文章，因拓片的应用，内容更丰富，形式更多样，版面更美观，呈现效果更引人注目。例如在广东海丝馆开展的阳江海洋文化遗产调查过程中，课题组踏访了很多摩崖石刻、墓志碑记，采集了《阳江厅广州会馆碑记》等重要拓片资料，为研究阳江地区历史文化、古代书法艺术提供了极具重要价值的第一手材料，也为《山海之聚：阳江海洋文化遗产》的出版增添了宝贵的艺术材料和独特的艺术形式。

拓片应用十分广泛，不仅可拓印砖石上的文字、图形，也可拓印金属器物或骨、瓷、木、玉等器物上的文字与图形；不仅可拓印形体巨大、字迹与纹饰粗放的碑碣、摩崖石刻，还可拓印形体较小、字迹与纹饰纤细的铜器铭文、装饰图案或甲骨文；不仅可拓印阴刻的文字与图像，也可拓印阳刻的文字与图像，还可拓印阴阳刻混合的文字与图像；不仅可拓印石碑墓志等平面器物上的文字与图像，也可拓印青铜器、雕塑品等立体器物。因此，诸如甲骨文字、铜器纹饰铭文、碑刻、摩崖石刻、石窟造像、墓志铭、古钱币、画像砖、画像石、陶瓷、玉石、竹木漆器等，都可以使用这种办法，形成科学、准确、直观、有效的文字或图像材料。但在拓印过程中需要注意文物安全问题。

一般说来，越早期的拓片越珍贵，尤其在原件已经散佚、破坏或者不易见到的时候，拓片的价值就更显重要。许多已散失毁坏的碑刻，因有拓片传世，才能令人感受原碑刻的内容及风采。很多拓本具有文物的三大价值：历史价值、科学价值和艺术价值。因此，拓片如今已经成为历史研究、艺术研究、科学研究的基础材料，更成为文物收藏者、书法艺术爱好者的珍贵材料，甚至成为用以馈赠的礼品。

资料摘录：

《隋书·经籍志》记载："其相承传拓之本，犹在秘府，并秦帝刻石，附于此篇，以备小学。"说明拓本的珍贵性。唐天宝四年（745年）的《石台孝经》背后刻有《李齐古表》，表内记述拓本上奏之事，"臣谨打本分为上下卷，于光顺门奉献以闻"。唐元和八年（813年），《那罗延经幢》背后记载碑拓流传之事，"弟子那罗延尊胜碑，打本散施"。唐代诗人韦应物有诗《石鼓歌》咏拓片，"今人濡纸脱其文，既击既扫白黑分"，对拓片制法和其特征描述甚细。可见，唐代传拓技法发展迅速，出现很多结集而成的拓本。

2015年桑浦山红峰林场《大观山古记跋》

附：《大观山古记跋》抄录字迹

大观山古记跋

宋徽宗大观三年戊子烈祖黄公建

兹山焉东有斫枋岭东磐石舍苦竹山顶尖石南有灯搭墓三尖铭蒸饼石龙床石尸鸠飞山西有产马山枯尾山香员坑第二田石门北有柯树坑尖石陈四郎额石浮风石擘礴石山见世面天花水分介之至大元泰定丙寅已得二百十九年之名文吾今刻之以示来者

太史黄山谷六世仍孙沙门古柏可材谨题

本地学者考证

《大观山古记跋》应是可材为《大观山古记》所题的一篇跋文。《大观山古记》原应该是其"烈祖黄公"（七世祖）"建"于江西修水老家的，历经"二百一十八年"之后，可材重刻于桑浦山荔果庵此处的（吾今刻之，以示来者）！故荔果庵那块未做拓片的石刻很可能就是《大观山古记》，殊为重要（残缺也有价值），有必要拓出来！

又，"烈祖黄公"应该是可材的七世祖黄庭坚之父黄庶（进士）。

大观二年为戊子年，大观三年为己丑年。

但"大观三年"（1108年）黄庶（1019—1058年）已逝，这又是一个难解之题！

宋丞相刘天祥留题碑记

2017年，砲台镇洋下村拓"瀛壖耆硕"

2016年桑浦山凤门古径拓"克敦孝行"

2013年在潮州西湖公园拓印

三寸刻刀刻出炫彩世界

——记青年玉石雕刻家黄晓蓬

黄晓蓬是一名"80后"玉石雕刻家。年纪轻轻，便拥有了中国非物质文化遗产保护协会玉石雕刻专业委员会委员、广东省工艺美术协会玉器专业委员会副主任、中国青年玉石雕艺术家、广东省玉石雕刻大师等头衔。他从业20年来先后获得了工艺美术奖的最高权威奖天工奖金、银、铜奖共7项，神工奖的特别奖和金、银、铜奖等。用三寸刻刀，刻出属于自己的炫彩世界。

博采众家之长，成就自我天工

黄晓蓬2000年涉足玉器市场，读书时期比较喜欢绘画，有一定的美术功底。随后，他开始跟随中国工艺美术大师、正高级工艺美术师张炳光学习翡翠的设计及雕刻，专攻人物、挂件、玉牌等工艺。在老师的悉心栽培下，他刻苦钻研，博采众家之长，吸收了木雕、石雕、泥雕、竹雕等不同艺术类别的技法，对各种雕工游刃有余，并融会贯通到自己的艺术创作之中，在玉雕创作道

路上自成一格。

黄晓蓬在技术上追求精益求精，经常与西泠印社韩天衡等著名艺术家交流学习。黄晓蓬吸收了老师的美学理念和雕刻技艺，经常与清华美院教授赵萌、刘鹏，湖北美院李冰、印恒师父等艺术家，交流学习中国佛造像起源、脉络、创作等，广泛吸取诸多画派的艺术精华。他擅长圆雕、浮雕、微雕、满色巧雕等技法，刻画出来的人物形象细腻传神、栩栩如生。他的展厅里，摆放着各种摆件，题材丰富多样，有佛造像、仿古青铜器、山水、动物、人物、大小摆件等，件件巧夺天工。

融会贯通，独树一帜

2007年，黄晓蓬创办了"老蒋"玉雕艺术工作室。从业20多年来，他潜心研习传统文化与美学，善于根据玉石的颜色和纹理确定题材，使每一块玉石与创作题材能够高度契合，审美和思想融为一体。他运用自己开创的独特开脸技术，把对北齐、北魏佛像造型的深入研究心得融汇糅合到观音造型中去，对传统正型观音雕刻进行创新，运用立体雕的手法，把观音的慈悲、智慧、宁静、庄严、微笑等神态刻画得淋漓尽致，独创出另一种观音形象。这种观音像一面世，立即受到消费者的欢迎及同行认可，流行于全国玉器市场，被命名为"老蒋观音"，至今仍在市场上广泛流通。他的多件人物作品获得了各大奖项的金奖，其中2016年作品《翠竹观音》参加"天工奖"获得金奖；2020年作品《月光菩萨》参加"神工奖"获得特别金奖；2019年作品《菩萨》参加"国匠杯"获得金奖等。

"传帮带"让技术发扬光大

黄晓蓬还不断地总结经验,将 20 多年实践心得编写成专业论文发表在广东工艺美术杂志中。并以"老蒋玉雕艺术工作室"为依托,通过传统的授徒模式,培养了徒弟 100 多人,其中已有数人获得玉雕设计工艺美术师、中级技师、广东省工艺美术协会理事、玉石雕刻工清华大学结业等各种荣誉称号,其间有 50 多件玉雕作品在全国的各类工艺评比中荣获金、银等荣誉奖,为玉都培养出大批精品人才。2017 年,"老蒋玉雕工作室"被广东省雕刻艺术研究会授予"玉雕典范单位"荣誉称号。

同时,他经常受邀到揭阳职业技师学院的宝玉石鉴定与加工技术专业班为学生讲授关于翡翠如何解读、设计与雕刻的课程,经常受聘到平洲、四会、云南各地等翡翠专业论坛交流技艺心得。他用优秀的玉雕技术对阳美翡翠玉雕国家级非遗的传承与发展贡献了力量。黄晓蓬还是揭阳市劳动模范、揭阳市人大代表。

记者手记

阳美玉都是在有"金玉之乡"美称的阳美玉器专业村的基础上发展起来的,是揭阳玉器产业的发祥地和核心商贸区。现有常住人口 4000 余人,外来人口 1 万余人,主要从事翡翠加工设计和销售贸易。目前产业已辐射到周边地区,从业人员达到 8 万多人。

早在清朝末年,阳美几乎家家户户都有人挑着小饰品走街串

巷贩卖（在北方称之为"货郎"；潮汕称之为"挑八索"），然后回收旧玉器进行加工后再卖出去，这是最早的玉器经营方式，也是阳美人步履艰难的百年攻玉之路。至20世纪八九十年代，阳美玉器产业已具较大规模，阳美村形成了小商铺聚集的老玉街简易玉器专业市场。21世纪初期，阳美玉器产业实现腾飞发展，规模不断扩大，同时辐射并带动了周边乔南翡翠市场、乔西白玉市场的繁荣发展，形成了国内最强的珠宝玉器市场。

经过百年的传承与创新，阳美翡翠玉雕融汇古今创造了"奇、巧、精、特"的艺术特色，形成了高贵典雅大气的独特风格，蕴含着深厚的潮汕民俗价值、文化价值和审美价值，阳美玉器堪称一绝。2008年，阳美翡翠玉雕被国务院确定为全国第二批非物质文化遗产，使阳美玉雕成为翡翠雕刻的最高技艺。

百年的玉石加工历史、极高的市场份额和精湛的玉雕工艺，奠定了阳美玉都作为国内玉器产业龙头的核心地位，也使阳美玉都成为全国乃至东南亚的中高档翡翠设计加工基地和贸易集散中心。

经过多年的精心培育，揭阳玉器产业形成了从玉石购销、玉器设计、加工、贸易到博览、鉴赏、旅游观光、会展一条龙的产业链，以寻玉、赏玉、购玉为主线的文化旅游业正在揭阳兴起。揭阳玉器产业在国内的重大分量使揭阳市在2005年被亚洲珠宝联合会授予"亚洲玉都"荣誉称号，在2006年被中国轻工业联合会授予"中国玉都"荣誉称号。阳美社区先后被文化和旅游部评为4A景区和中国乡村旅游模范村。

自2002年至今（2022年），每年一届的中国（揭阳）玉文化节已经在阳美成功举办了20届，使阳美玉雕成为揭阳的产业品牌走进全国人民的视野，阳美也成为全国玉文化交流的重要平台之一。在市委、市政府的高度重视下，阳美作为中国玉都核心区，正在做好产业规划，建设"一基地六中心"，以珠宝特色产业为抓手，全力发展区域经济，努力擦亮玉都品牌，向打造具有国际性地位的珠宝特色小镇目标迈进。

阳美的玉器加工作坊大大小小有 300 多家，像黄晓蓬这样规模的有五六家。

黄晓蓬，1983 年出生于广东揭阳，艺名老蒋，是中国玉石雕刻大师，中国青年玉石雕艺术家，广东省工艺美术大师，广东省玉石雕刻大师，揭阳市劳动模范，揭阳市揭东区人大代表，揭阳市高层次 B 类人才，天工奖金银铜奖获得者，神工奖特别金奖获得者，神工奖金、银、铜奖获得者等，是揭阳职业技术学院宝玉石鉴定与加工技术专业外聘教师。

他把自身所学和 20 年来游学所积累的人文素养全部融汇到玉雕创作上，充分展示了主题与玉石契合的美。在玉雕创作的道路上，他不愿浅尝辄止，固守一方，总在不断探索，不断完美。同时，通过对不同领域的融会贯通，在玉雕创作道路上有了质的飞跃。他的作品精妙大气、大胆夸张、萌趣生动。他以刻刀为"针线"，根据玉石的颜色和纹理确定题材，使每一块玉石与创作题材高度契合，审美和思想融为一体。他在玉雕行业耕耘多年，创作上独树一帜，恰到好处的取材使玉石说话，成为每一块玉石的知音。他以其对不同领域美学的独特理解和融会贯通，不断探索和创新，使得老蒋玉雕工作室出品的玉雕作品件件神形具备，传承了国家级非遗——阳美翡翠玉雕的特点，其工艺奇巧精特，深受玉器爱好者和收藏家的青睐，在玉石雕刻艺术领域上打响了自己的品牌。

他出道之初学习玉雕，后做买卖，最后回归到雕刻。为了琢磨一块玉石的题材设计，他可以三个月不离开工作室，几天几夜不合眼。后来又从原有的商品珠宝定位创作逐渐转向艺术品和收藏品创作，将玉石雕刻艺术推上一个更高的层次，从而引领揭阳翡翠行业雕刻创作更上一层楼。

为了带动行业更好发展，他创办了揭阳产业园磐东老蒋玉器商行，自任经理。该商行目前拥有员工60多人，主要经营玉器加工和销售，拥有商铺、加工厂、产品展示厅、玉雕工作室等一条龙产业链，在揭阳玉器行业占有一定份额，有较大影响力。

他在传承传统手工艺的同时，不断探索、研究、创新，采用先进的系统性管理制度和工作室文化构建，秉承企业愿景使命和价值观，有效培养与鼓舞组织员工传承工作室优秀的技艺、理念和思想，追求卓越，弘扬玉文化，薪火相传，造福行业，力争成为行业顶级工作室和引领者，积极为行业发展壮大作出努力和贡献！在他的努力下，玉雕工作室团队不断提高技术水平，更多年轻雕刻师在技艺水平上有了更大提高，有50多件玉雕作品在全国的各类工艺评比中荣获金、银等荣誉奖。通过多年来的不断努力，工作室培养了100多名徒弟，有的已经能够自立门户，独当一面。

为配合地方发展特色产业需要，黄晓蓬创办"老蒋玉雕工作室"，并于2014年被揭阳市蓝城区人才工作领导小组授予"技师级工作室"的称号，2017年被广东省雕刻艺术研究会授予"玉雕典范单位"荣誉称号。

时代在发展，社会在进步，信息技术日新月异。学习点燃希望，知识成就未来。黄晓蓬清楚地认识到玉石工艺品雕刻工岗位相关工作也需要与时俱进，需要不断学习新知识、新技术、新方法，以提高工艺品雕刻工岗位的服务水平和服务效率；特别是需要学习工艺品雕刻工工作岗位相关法律知识和相关最新政策。唯有如此，才能提高玉石工艺品雕刻工的业务水平和个人能力。他自我加压，定期学习玉石工艺品雕刻工工作岗位有关业务知识，并总结吸取前辈的工作经验，不断弥补和改进自身工作中的缺点和不足，从而使自己整体工作素质都得到较大的提高。

黄晓蓬坚信，爱能像一束阳光一样给人光明，让人感到温暖；慈善事业便是传递温暖，也是企业家和暴发户的区别。所以，他除了在专业和行业中发挥作用，还热心于公益事业，时常积极参加各类捐资捐物公益活动，热心资助贫困学生。

2012年揭阳市星空义工协会成立以后，他一直在星空义工队助残救济工作中身先士卒，传递公益，奔走在慈善路上，几年间出资17万元，用于义工团队的每月一送及贫困送温暖。

2018年潮阳水灾，他捐出善款8万元整，用于购置赈灾物资救援之用；2019年热心助学，一对一捐赠学习用品，以鼓励祠堂小学学生学习，促进学习氛围，传递正能量；2020年在新冠肺炎疫情初发时期，他第一时间向星空义工队捐赠6万元整，用于购买口罩、消毒用品以及其他物资，帮助抗击新冠肺炎疫情；2020年向广东省工艺美术珍品馆捐赠作品《象尊》，作为展品收藏，宣传雕刻文化。2012年至今，他所捐物资和资助贫困学生的善款超100万元。

个人荣誉：

《笑佛》——2008 年在中国百花奖中获金奖

《名垂千古》——2012 年在中国工艺美术文化创意奖中获金奖

《百年好合》——2013 年在中国工艺美术文化创意奖中获金奖

《观音》——2013 年在中国工艺美术文化创意奖中获银奖

《妙珠菩萨》——2015 年在中国工艺美术文化创意奖中获银奖

《祥和观音》——2015 年在天工奖中获银奖

《发愿取真经》——2015 年在玉都杯中获银奖

《自在观音》——2015 年在玉都杯中获银奖

《药师宝宝佛》——2015 年在玉都杯中获银奖

《翠竹观音》——2016 年在天工奖中获金奖

《海天慈恩》——2016 年在琢越杯中获金奖

《海天慈恩》——2016 年在中国工艺美术文化创意奖中获银奖

《翠竹观音》——2016 年在百花奖中获银奖

《紫竹观音》——2016 年在百花奖中获银奖

《持莲观音》——2016 年在天工奖中获铜奖

《持莲观音》——2016 年在琢越杯中获铜奖

《降龙观音》——2017 年在中国工艺美术文化创意奖中获银奖

《韦陀护法天神》——2017 年在琢越杯中获银奖

《慈眉度众生》——2017 年在琢越杯中获银奖

《玻璃种站观音》——2018 年在国匠杯中获金奖

《财神》——2018 年在神工奖中获金奖

《大势至菩萨》——2018 年在神工奖中获银奖

《千手观音》——2018 年在天工奖中获银奖

《大势至菩萨》——2018 年在天工奖中获铜奖

《大势至菩萨》——2018 年在琢越杯中获铜奖

《韦陀》——2018 年在琢越杯中获铜奖

《菩萨》——2019 年在国匠杯中获金奖

《观音》——2019 年在琢越杯中获金奖

《青州菩萨造像》——2019 年在成功杯中获金奖

《墨玉鸟尊》——2019 年在神工奖中获银奖

《菩萨》——2019 年在神工奖中获铜奖

《如松之盛》——2019 年在天工奖中获铜奖

揭陽日報

2022年8月 **11** 星期四

农历壬寅年七月十四
七月廿六数署

中共揭阳市委文宣、主办　揭阳日报社出版
国内统一号 CN44-0033　今日8版　总第19020期

国务院台办、国务院新闻办发表《台湾问题与新时代中国统一事业》白皮书

带领乡亲们多种粮、种好粮

牢记嘱托建新功

揭宁市各级党组织和广大党员干部奋战在抗疫一线
用责任担当构筑起防疫"红色屏障"

党旗飘扬

环岛路碧道
市民"打卡地"

全面加强社会信用体系建设·扫描新信揭阳 优化发展生态　系列评论之二
以信用之力持续优化营商环境

本报编辑部

信用信息助推实现营商环境新高度

东部战区在台岛周边海空域组织的
联合军事行动成功完成各项任务

全民阅读兴热潮
书香氤氲润揭阳

2022南国书香节揭阳分会场将于8月19日至28日举行

文明揭阳

三寸刻刀刻出炫彩世界
——记青年玉石雕刻家黄晓莹

记者 华十峰

携众女焕发一场

三寸刻刀刻出炫彩世界

——记青年玉石雕刻家黄晓蓬

□记者 许小鸣

黄晓蓬是我市一名"80后"玉石雕刻家，年纪轻轻的他便拥有中国非物质文化遗产保护会玉石雕刻专业委员会委员、广东省工艺美术协会玉器专业委员会副主任、中国青年玉石雕艺术家、广东省玉石雕刻大师等诸多头衔。从业20多年来，他先后获得中国玉石雕界最具权威性的奖项"天工奖"金、银、铜奖，"神工奖"特别奖和金、银、铜奖，用三寸刻刀，刻出属于自己的炫彩世界。

博采众长自成一格

黄晓蓬于2000年涉足玉器市场，因为读书时期比较喜欢绘画，有一定的美术功底。随后他开始跟随中国工艺美术大师、正高级工艺美术师张炳光学习翡翠的设计及雕刻，专攻人物、挂件、玉牌等雕刻工艺。在老师的悉心栽培下，他刻苦钻研，博采众家之长，吸收木雕、石雕、泥塑、竹雕等不同艺术类别的技法，并融会贯通，在玉雕创作道路上自成一格。

黄晓蓬在技艺上追求精益求精，经常与西冷印社韩天衡等著名艺术家交流学习，汲取各艺术家的美学理念和雕刻技艺，同时经常与清华美院教授赵萌、刘鹏，湖北美院李冰、印恒等艺术家交流学习中国佛教造像起源、发展脉络、创作等，广泛汲取各家画派的艺术精华，加上他擅长圆雕、浮雕、微雕、满色巧雕等技法，使得他刻画出来的人物形象细腻传神，栩栩如生。在他的展厅里，摆放着各种摆件，题材丰富多样，有佛教造像、仿古青铜器、山水、动物、人物、大小摆件等，件件巧夺天工。

2007年，黄晓蓬创办了"老蒋"玉雕艺术工作室。从业20多年来，他潜心研习传统文化与美学，善于根据玉石的颜色和纹理确定题材，使每一块玉石与创作题材高度契合，审美和思想融为一体。他运用自己开创的独特开脸技术，把对北齐、北魏佛像造型的研究心得融会到观音造型的塑造中去，对传统正型观音雕刻进行创新，运用立体雕的手法，把观音的慈悲、宁静、庄严、微笑等神情刻画得淋漓尽致，独创出另一种观音形象。▶下转第6版

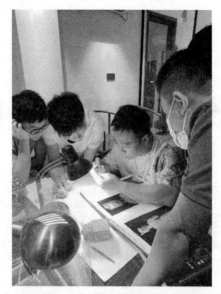

工作中的黄晓蓬

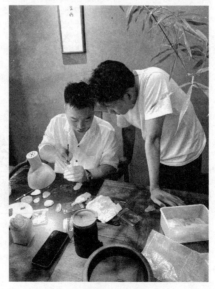

为学生做讲解的黄晓蓬

玉雕作品

穷一生光阴　扬大漆工艺

——记大漆工匠徐填波

　　徐填波是目前潮汕地区为数不多的传统漆器工匠。他 30 多年来孜孜不倦，反复实践、摸索、钻研，使其漆器制作工艺技术不断提高，并日臻成熟。近日，记者走进他的工作室，看到了各种成品、半成品漆器，刚刚脱胎的、约 0.8 米高的大花瓶已经成型。他制作的脱胎漆茶叶罐、花瓶、茶碗、茶瓯，美观大方，美轮美奂。

　　徐填波是揭东区埔田镇埔田村人，他父亲是一位乡间的传统油漆工匠，也是传统漆器制作高手。徐填波从小跟着父亲学习制油漆，业余也跟着学习漆器制作技术，18 岁时已经能够独立谋生。起初，他一边帮人做油漆家具谋生，一边业余做漆器；当油漆家具被时代淘汰之后，他另谋生路，但无论多忙都不愿意放弃漆器制作手艺。在子女成家立业后，生活已经没有后顾之忧的徐填波，便将全部精力投入弘扬大漆工艺中，完成他的人生理想。

　　徐填波一直坚持的漆器制作工艺从漆源、炼漆到制器的整个过程都使用传统做法，工序相当烦琐，制作周期长，很难产生经济效益。漆器工艺的核心材料是漆树分泌出来的液汁，称生漆或大漆，所以漆器工艺也称"大漆工艺"。天然大漆的量少而价格昂贵，且不容易找到，市面能够买到的多数是化学勾兑的，徐填波知道秦岭盛产漆树，却不清楚到底在哪里有生漆市场，为了买到正宗的天然生漆，他几乎跑遍了整个陕西，才在滦镇找到了漆批发市场。但人家做的是几千吨交易的批发，他的量少，没有人愿意搭理他。最后，一个老板被徐填波的精神所感动，破例答应专供天然生漆给他。

徐填波在介绍中感叹道，漆器制作要坚持传统必须抱着豁出去的心态。炼漆还只是前奏，就有3道工序：晾漆、熬漆坯、熬漆。要不住地研磨，一个环节坏了，就影响了后面的一切。炼漆就需要好多天的时间，炼成后要做漆器，周期就更长了。而制作漆器又是一个漫长的过程，一件成品普遍要花费3个月以上时间。比如坯胎上漆阴干这个工序，如果是添加化学物质几小时就可以完成，而传统做法需要两三天甚至更长；如果在阴干过程碰到天气突然变化，也会受影响，导致颜色深浅不一，此时就要将漆皮磨掉，再重新上漆。"磨显"这道工序也需重复上千遍，砂纸从800目一直换到7000目。徐填波把每一件漆器都当成生命来塑造，他制作的犀皮漆碗，表层光滑，纹理细腻，精俏灵动。

徐填波还练就了脱胎漆绝活。脱胎这项技术在漆艺里面含金量最高，需要有雕塑的基本功，否则没有办法使土坯塑形。徐填波拿出用赤宝砂技法刚刚完成的脱胎梅瓶摆在地上介绍，只见梅瓶的表面光滑，明亮如镜，只要有光源投来便熠熠生辉，美不胜收。30年光阴，结出硕果。2015年开始，徐填波先后有脱胎漆艺提梁壶、《展翅接福》、茶叶罐、大漆盘《鱼水相依》获揭阳工艺美术"莲花奖"金奖；2016年漆艺脱胎茶罐获广东工艺美术精品展"岭南工匠杯"金奖；2019年脱胎漆艺《祥瑞来朝》获广东工艺美术精品展"岭南工匠杯"铜奖。2016年，他将脱胎葫芦茶叶罐义捐给揭阳市狮子会榕江服务队拍卖，用于救助山区贫困孤儿。2020年，他又捐献了大漆手镯1件、脱胎茶叶罐1件，参加"粤鄂心连心、工美见真情"为主题的抗疫义卖活动。2021年，他制作的脱胎漆器《福禄拥赏客》参加粤港澳大湾区工艺美术博览会"国匠杯"评选荣获铜奖。他的作品犀皮天然大漆碗被揭阳市博物馆永久收藏。

徐填波说，30年前父亲教导他，大漆艺在潮汕没几个人会做，要好好学习，努力传承，积极发扬光大。他还说日本的漆器工艺传自唐朝，却领先了全世界，希望有一天能够超越他们，虽然很遥远，但他会一直努力。

记者手记

濒临失传的国粹工艺——大漆器工艺

大漆器工艺是中国一项传统的手工艺，历史悠久，迄今已经有7000年历史，因为其工艺的考究复杂难做，而不断被边缘化，到今天已经成为濒危的传统手工艺。作为中国传统的手工技术，漆艺在潮汕地区也是历史悠久，在工业化进程中同样受到挤压而渐渐走向式微。

制作大漆器的第一原料是高质量的生漆，古人称之为"桼"，是从漆树上采割下来的天然液体。生漆并不能直接用来做大漆器，还要经过一番制作。现在，已经有很多化学添加剂可以使漆液制作时间缩短，色泽更鲜艳。天然漆的性能紧致、密实、坚硬，无论怎么摔都不会碎，但会断裂开口子，补了又可以用。大漆器不仅耐磨、防霉、防水，更可耐高温，耐酸碱腐蚀。到目前为止，没有任何一种合成材料可以与这一古老的天然材料匹敌。因为漆的产量很低，价格也昂贵，加之制作工艺复杂麻烦，所以渐渐失传了。现在有很多由添加剂合成的化学漆、树脂等。

大漆器工艺在潮汕地区向来是稀缺门类。因为潮汕地区历来以金漆木雕为主，用在祠堂庙宇的则是彩绘为主，大漆器工艺很少应用，就比较生僻了。

犀皮漆盛行于江浙一带，也叫菠萝漆。犀皮漆其实没有那么复杂，最麻烦的是脱胎漆，脱胎漆是一种高难度又低效率的工艺。脱胎漆要先用土塑形，塑形成功后再一层一层上漆，光上漆就要上百天时间，等到上漆完毕，完全风干，再把土坯敲碎清理掉，就剩下漆胚形，再上色打磨推光，一道道工序都沥尽了艺人的心血。

脱胎漆器南北朝就有，又叫夹纻，以造佛像为主。后来技艺失传，到乾隆年间福州一个叫沈绍安的人发现并创立脱胎漆器工艺。以前揭阳地区老工艺厂就有生产脱胎漆器，而民间艺人很少做。因为费时费料，耗不起。徐填波家里摆放着各种成品、半成品漆器，那些他慢工细活制作完成的脱胎漆茶叶罐、花瓶更是美观大方，拿在手里反复摩挲感觉很是舒服。脱胎漆对漆艺人还有另一层要求，即要懂得雕塑的基本功，否则没有办法给土坯塑形，它是漆艺里面含金量最高的技术。面对徐填波创作的这些作品，除了欣赏赞叹，剩下的就是对漆艺人的智慧与心血的肃然起敬。

中国的先人是十分聪明的，由于漆的产量很少，价钱昂贵，于是就有人找出了替代品——植物油，如桐油、梓油等。经过炼制，这些油可以供髹物，比如涂布，成膜干燥后发挥与漆相当的装饰保护作用。用油做的漆替代物，叫作油漆。"油漆"一词，以及油漆的发明皆源自我国。与油漆二字相对应的英文是 Paint。后来，人们在油漆里加入了各种天然树脂、人造树脂，如松香衍生物等，也仍然叫作油漆，行内称之为油基树脂（Oleoresinou-spaint）。油基树脂漆漆膜更硬，光泽更强，类似于瓷，外国人称之为 enamel，我们译之为瓷漆，后来演化为磁漆。而古人把纯净的天然漆称为"大漆"。

大漆器工艺是中国的传统手工艺。最早可以追溯到 20 世纪 70 年代中期在余姚县（现余姚市）河姆渡地区出土的一只残破木碗，表层上的薄皮是朱红色涂层，微见光泽。专家鉴定其与马王堆西汉墓出土漆皮是相同的材料，为天然漆。此为迄今发现最早的漆器。大量出土并伴有多种原色与比较复杂花纹的漆器则是在马王堆西汉墓。到了唐代，漆器已经成为宫廷及上流社会阶层日常的生活用具，可见大漆器工艺在中国历史悠久。从目前各种出土文物来看，它起源于河姆渡，发展于西汉，成熟、繁荣于大唐。

现在说到大漆器工艺，大家都会想到日本，甚至有以为源头是日本的。日本的大漆器工艺源自唐代鉴真法师东渡日本时带去的大漆器工艺匠师，将大漆器工艺技术带进了日本，促进了日本大漆器工艺的发展。此后，日本人精益求精的精神使他们的大漆器工艺发展到登峰造极的境界。到了元明时期，日本形成和完善了大漆器工艺体系，并确立了大漆器工艺艺术风格，成为后起之秀，使中日大漆器工艺逐渐形成相互交流、相互促进的局面。鉴真法师圆寂后，由随行赴日本的中国弟子和日本弟子共同堆塑的夹纻干漆像就是用了脱胎工艺，现已被日本定为国宝！大漆器是中国古代在化学工艺及美术工艺方面的重要发明。中国的炝金、描金等工艺品，对日本也有深远影响，日本人至今都在使用大漆器这种古老的器具，而且以使用漆器为身份象征，增添了一个民族人文的精致，而我们的大漆器工艺却面临消亡的危险。

坚守传统手工艺　千锤百炼出精品

——记漆器工匠徐填波

□记者 许小鸣

徐填波是目前潮汕地区为数不多的传统漆器工匠，他制作的脱胎漆茶叶罐、花瓶、茶碗、茶瓯，美观大方，美轮美奂。近日，记者走进徐填波的工作室看到，各种成品、半成品漆器，刚刚脱胎的约0.8米高的大花瓶已经脱胎成型。那采用赤宝砂技法完成的脱胎梅瓶，只见梅瓶表面光滑，明亮如镜，只要有光线打在上面便熠熠生辉，美不胜收。

徐填波是揭东区埔田镇埔田村人，他的父亲是一位乡间的传统油漆工匠，也是传统漆器制作技术高手。徐填波从小跟着父亲学习油漆、漆器制作技术，18岁时已经能够独当一面。起初，他一边靠帮人油漆家具谋生，一边利用业余时间制作漆器。当油漆家具受时代淘汰之后，他便另谋生路，但无论多忙都不愿意放弃漆器制作手艺。子女成家立业后生活没有后顾之忧的徐填波，将全部精力投入到弘扬大漆工艺中，完成他的人生理想。

据徐填波介绍，漆器工艺的核心材料是漆树分泌出来的液汁，称生漆或大漆，所以漆器工艺也称"大漆工艺"。由于天然大漆的量少而价格昂贵，市面上能够买到的多数是由化学勾兑。为了买到正宗的天然生漆，徐填波几乎跑遍了整个盛产漆树的陕西省，才在滦镇找到了漆批发市场，但人家做的是几千吨交易的批发生意，徐填波需求量少，没有人愿意搭理他。最后一个老板被徐填波的精神所感动，破例答应专供天然生漆给他。▶下转第6版

041

揭陽日報

2022年4月 **26** 星期二
壬寅年三月廿六
四月廿五立夏

中共揭阳市委主管、主办 揭阳日报社出版
国内统一刊号：CN44-0032 今日8版 总第6680期

习近平向青蒿素问世50周年暨助力共建人类卫生健康共同体国际论坛致贺信

新华社北京4月25日电

习近平在中国人民大学考察时强调

坚持党的领导传承红色基因扎根中国大地
走出一条建设中国特色世界一流大学新路

新华社北京4月26日电

以"三个最"为着力点优化政务服务环境
揭阳两级法院聚焦"三个最"健全知识产权案件审理机制

织牢知产司法保护网 护航经济高质量发展

推动高质量发展
创造高品质生活

□记者 黄燕丹 通讯员 林程仪

首根钢管桩精准入海

国家电投揭阳神泉一（二期）
海上风电项目正式启动海上施工

国家电投揭阳神泉一（二期）海上风电项目正式启动海上施工。 夏林丰 郑皓峰 摄

市纪委监委通报4起违反中央八项规定精神典型问题

紧盯节点纠治"四风"

本报讯（记者 陈敏端 通讯员 揭纪宣）

国办印发《意见》

进一步释放消费潜力
促进消费持续恢复

新华社北京4月25日电

支光南在市政府第一次廉政工作会议上强调

驰而不息推进廉洁政府建设

本报讯（记者 林宝凤）

陈小坤带队到普宁市调研粮食生产等工作，要求

不折不扣完成
今年粮食生产各项目标任务

本报讯（记者 刘春生）25日，市委

坚守传统手工艺 千锤百炼出精品
——记锤器工匠徐埔波

□记者 姚小婷

漆器作品

从军队乐手到普及萨克斯的"拓荒牛"

——记萨克斯乐手郑子江

郑子江是榕城区新兴办事处文化站职工。他是一名退役文艺兵，2003 年入伍，2015 年退役，在部队 12 年，因为爱好音乐，从普通士兵成为军队乐手。2009 年，他参加了 10 月 1 日天安门阅兵仪式，12 月 20 日到澳门参加庆祝澳门回归十周年的阅兵庆典。退伍回乡后在揭阳开展萨克斯普及教学工作。

在大熔炉里锻造的青春

2003 年郑子江刚满 18 岁，走出校园就进军营。部队每天的训练很辛苦，他经常用唱歌来缓解压力和思乡的情绪。郑子江会唱歌，逢年过节部队组织晚会，郑子江就被推荐去表演节目。2006 年郑子江考上了军校，新生组织晚会时，郑子江把学到的舞蹈重新编排成另外一个新的舞蹈，参加了这次晚会，还拿到了优秀奖。就在这次晚会中，郑子江认识了学校军乐队队长，并去看他排练乐队，雄壮的军乐当场就把他给镇住了，他内心立即萌发出"我要学"的念头。他找到军乐队队长，请求队长收下他。队长同意了，第二天郑子江马上就参加学习了。队长让他选择乐器，郑子江选择了萨克斯。从此以后，每天风雨无阻，雷打不动，他按时来到军乐队学习乐器。

千锤百炼进入阅兵乐队

2008 年 7 月，郑子江到韶关某野战部队实习。团里得知郑子江会演奏管乐，便推荐他到师部去参加军乐队。第二天，经师部乐队队长当众一轮严格考核之后，他顺利过关。半个月后，他又被师乐队推荐到集团军加强管乐学习训练。这些境遇使郑子江更加坚定信心，立志一定要把萨克斯学好。郑子江说："我非常珍惜每次的学习机会，不敢偷懒，经常练到手指发麻，嘴唇疼痛难忍，流血了，我都不舍得休息。"

集训一段时间后，郑子江便接到通知：全员准备 10 月 1 日北京天安门新中国成立 60 周年大阅兵。于是，他更加勤奋刻苦练习。每天早上提前起床练习；为了不打扰别人休息，他跑到很远的地方去训练。晚上，部队熄灯后，他在被窝里拿着手电筒背乐谱。终于顺利地通过了考试，进驻了阅兵村强训。但进驻阅兵村并不等于就合格，最后还有一轮严酷的考核，48 首曲子，总共一万多个音符，如果有 2 个错，就只能成为后补。但郑子江一个也没有错，顺利通过，列队在前排。

归来广植新苗，甘当"拓荒牛"

阅兵完毕，郑子江回到所在部队，此后便受部队指派做管乐培训，协助基层部队组建军乐队。此时，郑子江就有一个梦想，他要把这种美妙的音乐带回家乡！2015 年郑子江转业回到揭阳，他被分配到环保局工作。为了梦想，他申请到新兴办事处文化站工作。

第一个学生跟他只学习一年半，就参加广东省管乐协会组织的 2017 华南地区第九届管乐、打击乐独奏、重奏展演，且获得二等奖的好成绩。就是这名学生让郑子江在广东省管乐界一举成名。评委专家通过学生主动约见他，深度交流，又使他备受鼓舞。现在，他在揭阳已经培养了 50 多个学生，有的考上了音乐学院，有的已经跑到外国继续深造。通过他的努力争取，现在揭阳也设有参赛报名点了。

六年来，郑子江全身心投入萨克斯推广工作中，他积极参加政府、社团组织的各种公益演出 100 多场，还开展萨克斯进校园义教，办免费公益课等。他希望建立一支专业乐队，为了筹集资金购买一批乐器做教具，他晚上还得去餐厅演奏。他说，我不知道什么时候才能建起乐队，但我一定会努力。他牢记首长的临别赠言：告别军营，建设家乡。聚是一把火，散是满天星。2021年，郑子江下乡义演，因勇救失足落水者还被评为第五届揭阳市"玉德人物"。

记者手记

萨克斯的诞生和发展

萨克斯是比利时一名叫阿道夫·萨克斯（Adolphe Antoine Sax）的人发明制造的。他出生于比利时一个叫迪南的小城。他的父亲是位出名的乐器制造商。阿道夫·萨克斯是布鲁塞乐音乐学院学生，经常参与布鲁塞乐交响乐团演出。他将单簧管加以改进成为交响乐中的标准成员，并获得当时比利时政府授予的二等奖，之后赴巴黎发展。

1842 年，阿道夫·萨克斯发明了第一支萨克斯，是一支上低音降 E 调萨克斯。这支乐器受到好朋友柏辽兹的大力赞赏和推介。柏辽兹是当时欧洲最具影响力的音乐家之一，人们便根据阿道夫·萨克斯的姓来给这支新生的乐器命名"萨克斯"，一支好听又造型奇特的乐器就这样诞生了。

1844 年，萨克斯第一次使用是在乔治·凯恩特纳的歌剧《最后的犹太王》中，柏辽兹也为萨克斯创作了一部合奏曲《圣歌》。1946 年，阿道夫·萨克斯发明的萨克斯获得了乐器的专利，奠定了他在巴黎音乐界的显赫地位，被誉为欧洲的天才。而后阿道夫·萨克斯在巴黎开办了一家萨克斯制造企业，一共发明了 14 种大小不同、形状各异的萨克斯（包括小型的小高音萨克斯和大型的倍低音萨克斯，倍低音萨克斯的喇叭口非常大，甚至可以放入一个小孩）。1851 年，阿道夫·萨克斯取得了一项孔距为二十四键的金属大管的专利权，此种金属大管被称为"萨克斯体系大管"。1853 年，法国军队开始启用萨克斯，使木管乐与铜管乐完美地结合起来。当时欧洲所有国家的管乐队都来购买阿道夫·萨克斯发明并生产的这种乐器——萨克斯。1887 年，阿道夫·萨克斯在萨克斯原来的最低音"B"键下，又增加了一个降"B"键，并且在几个最低音且较大的键上，加装上了保护键的半框架装置。

由于成功引来了嫉妒，同行诬告他窃取专利，使他官司缠身，阿道夫·萨克斯为了维护自己的发明和荣誉与之进行了英勇的斗争。1894 年，已身无分文的阿道夫·萨克斯在巴黎去世，他的律师没有因为他去世而放弃，继续努力奋斗。经过律师多年的努力，最终打赢了这场关系到名誉的旷世官司，告慰他在天之灵。

1885 年，法国赛尔玛管乐器制造公司在巴黎成立，该公司根据创始人亨利·塞尔玛（Henri Selmer）的名字命名。塞尔玛乐器制造公司主要生产单簧乐器，尤其是萨克斯和单簧管，以其卓越而优秀的产品质量闻名于世。

1900 年以前，萨克斯并没有获得音乐家们的青睐，因为音乐家不知道萨克斯这种乐器能否长久的存在，所以关于萨克斯的合奏作品并不多。直到 1903 年，德彪西为波士顿的霍尔夫人——一位特别富有的女人创作了一部中音萨克斯与管乐队的作品《狂想曲》。霍尔夫人后来成了一名优秀的萨克斯演奏家，她还请了丹笛、洛夫莱尔等著名的作曲家为萨克斯创作作品，萨克斯开始在欧洲流行。

20 世纪之初，欧洲军乐队在北美大陆巡回演出，有一些萨克斯演奏者定居下来，萨克斯之风由此开始扩散。直至 20 世纪 20 年代，爵士音乐将高音萨克斯带入爵士乐当中，萨克斯在爵士乐当中的丰富表现力令世人倾倒惊叹，从而奠定了萨克斯在爵士乐中的绝对地位。

我国历史上第一支管乐队大约是在 1886 年前后成立，由时任中国海关总务司的外国人罗伯特·赫德（Robert Hart，1835—1911）创办。20 世纪三四十年代的上海歌舞厅中经常出现萨克斯，1949 年之后，萨克斯因为是侵略者的产物而消失。80 年代以后，国外著名的萨克斯演奏家及著名的爵士乐团来我国交流访问，其优美的音色受国人所喜爱，于是各种音乐会开始频现萨克斯的身影。学习萨克斯的人有所增多，有些一线城市的小学校园里已经开设课程。而揭阳作为三四线城市，了解的人并不多，郑子江算是早期将萨克斯引入揭阳的人。

采访郑子江，使人深切体会到什么叫"梅花香自苦寒来"。一个零基础的成年人，以军人的坚韧与刻苦克服各种先天不足，成功地学会了萨克斯，并学得很成功。他讲述了第一次跟大乐队合练的时候，在有近一百人合奏排练的现场，他因为不懂技巧，被队长点名出列，在一旁看，不许演奏。眼看着同行而来的队友都加入其中，而自己却被叫停，一个人搬着椅子坐在乐队的前面，听着大家排练。他自己一个人当观众，检阅着大家，大家也在检阅着他。他感到脸上无比滚烫，恨不得地上有个缝可以钻进去，内心无比羞愧、无比尴尬，委屈的泪水都快掉下来了。他只能怪自己练得不够努力，看着台上所有人的眼光，他觉得一个个仿佛心里都在对他说："郑子江，你不行！"他开始抑郁了，但他发誓，永远都不会放弃！

直到进入了阅兵村以后，他每天拼命地学习，积极虚心向乐队中的高手和老师求教。有一天排练的时候，全场都被乐队指挥批评了，但指挥最后却说了一句："最近郑子江进步很大。"他当时听完这话，用眼睛环顾了所有的队友，看到大家都投来了赞许的目光。那一刻郑子江的眼眶都红了，眼泪差点都流了下来。因为他的付出和努力终于得到了肯定，彻底把脸要了回来。

在背完了总共 48 首曲子，一万多个音符无一差错顺利地通过了各种各样的考试后，郑子江说，那一刻才敢相信自己还行。在 2009 年 10 月 1 日国庆节的当天，他站在北京天安门前，站在乐队第一排最显眼的位置，吹奏阅兵仪式乐曲，接受祖国和亿万人民的检阅。时至今日，每当想起活动当天的情景，他的内心还是久久不能平静。

回到阔别已久的家乡，看着家乡的变化既陌生又熟悉，他的内心既迷茫又无助。战友曾联系他，要高薪聘请他到广州、深圳发展，因为那里有很专业的乐队，他又有部队这个头衔，会很有前途，但是他都一一拒绝了。因为多年前在部队，他就有一个梦想，要把管乐带回家乡，希望家乡也有这种美妙的音乐。但他什么也没有，只能主动到各个琴行去投送自己的简历。2016 年春节后，有一家培训机构联系了他，告诉他有一名学生想跟他学管乐，就是这名学生让郑子江在广东省管乐界一举成名。当时要送这名学生去比赛，他才发现全省十几个地级城市，只有揭阳没有比赛报名点，他才知道揭阳的管乐是一片空白，郑子江对此触动很大。

在讲述当时的情况时，郑子江仍然感慨良多。

该学生参加了汕头赛区的初选，并且成功晋级。当比赛结束以后，评委叫住了学生和学生家长，问："你们是从哪里过来的？"学生回答："是从揭阳过来的。"那评委老师很惊讶地说了一句："揭阳从来没有学生参加过这方面的比赛，你们是第一个。"

然后评委又问："你单簧管学了多久?"学生回答："学了一年半。"评委很惊讶，说："能够这么短的时间内学得这么深?"然后转身跟学生家长说："很希望能认识一下这位老师。"于是，郑子江认识了这位评委，是音乐学院的教授。在这位评委的帮助下，现在揭阳也有了比赛和考试的报名点了。

郑子江说：外面很多城市的学校都有管乐队，我们这里没有一所学校有。在校外学习管乐的费用很昂贵，很多家庭是负担不起的，学校里如果有管乐团的话，可以让学生以很低的费用甚至免费学习到萨克斯。要把萨克斯普及出去的话，还有一段很长、很艰难的路要走。为了普及萨克斯，郑子江最近还开办了免费的萨克斯公益课，有二十多人来听课。他还开展了送艺术进校园的活动。因为萨克斯昂贵，作为课余爱好没有必要购买萨克斯，但要学习萨克斯，必须有乐器，为了购买一批乐器给学生学习，郑子江到市区的酉时餐吧当乐手，每两夜轮到一次，每次 200 块钱的工资。

郑子江说：如果我不做，今后也许会有人去做，但是萨克斯的发展不知道还会晚多少年。这使郑子江更加坚定在揭阳发展管乐的信念。他开始还想，慢慢来吧，于是一个学生一个学生地教；每天奔跑于各个琴行之间，也尝试过找一些学校去合作，但是都不成功，因为揭阳只有民乐。他开始转变方式，自己购置一批乐器，谁来了，免费学，赠乐器学习。郑子江说，离开部队的前几天，部队召开了军人大会，卸下了他们的军衔，给他们下达的最后一道命令就是：当我们相聚在一起的时候，我们能够站在天安门前的国旗下合奏国歌；当我们分散开的时候，我们可以在祖国的大地上各自建设自己的家乡。他始终牢记这句话，并且深深地记在心里。他这样在家乡普及萨克斯，教了学生获奖，还有一些成年人学习了这项艺术以后，愉悦了自己身心的同时，也给身边的人们带来了欢乐，这算不算贡献与建设？

　　退役六年来，郑子江在培养学生的同时，也积极地参加了政府组织的下乡巡演、慰问等公益演出 100 多场。为了筹钱买乐器，甚至连一些私人公司年会庆典、开业典礼，还有婚礼、路演等一系列大大小小的晚会约 800 场。在上千名观众的晚会上表演过，也在只有一名抗战老兵的观众面前表演过。他只是想让人们知道揭阳也有这种乐器。无论如何，这个年轻人拥有不忘初心、砥砺前行的信心，他一定会让萨克斯这种管乐在揭阳大地上遍地开花，让更多的人受益。我们有必要给予祝福和支持。

从军队乐手到普及萨克斯的"拓荒牛"

——记退役文艺兵郑子江

□记者 许小鸥

郑子江在榕城区新兴街道文化站职工。他是一名退役文艺兵，2003 年入伍，2015 年退役，在部队的 12 年里，因为爱好音乐，从普通士兵成长为军队乐手。2009 年 10 月 1 日，他参加了天安门阅兵式。12 月 20 日到澳门参加澳门回归十周年庆典。退伍后，他回乡在揭阳开展萨克斯演及教学工作。

在大熔炉里锻造青春

2003 年郑子江刚满 18 周岁，走出校园就进军营。部队每天的训练很辛苦，他轻常用国家缓解压力和心的情绪。郑子江就趁推荐去表演节目。2006 年郑子江考上了军校，新生组织晚会时，郑子江学到的潮剧重新排成新舞台参加晚会，还拿到了优秀奖。就在这次晚会上，郑子江认识了学校乐队队长并去看他排练队伍，顺利完成。每天风雨无阻，雷打不动，按时来到乐队学吹乐器。他心里却爆发出"农家子"的念头。他找到军乐队队长，请求成为其下属。队长同意了。第二天郑子江马上就参加学习了，队长让他选择乐器，郑子江选择了萨克斯。

稻花麻，嘴唇疼痛难忍，流血了，我都舍不得休息。

集训一段时间后，郑子江便接到通知：全体准备参加新中国成立 60 周年大阅兵。于是，他更加勤奋刻苦练习。每天早上提前起床训练，为了不打扰别人休息，他到偏远的地方去训练。晚上，郑队退灯后，他在被窝里拿着手电筒背乐谱。终于，他顺利通过了考试，进批阅兵村集训。

千锤百炼进入阅兵乐队

2008 年 7 月，郑子江到潮关某野战部队实习。团里得知郑子江会演奏萨克斯，便推荐他到师部去参加军乐队。第二天，经师部乐队队长当众一轮严格考核之后，顺利完成。半个月后，他又被师乐队推荐到集团军加强乐学习训练。这些境遇能郑子江更加坚定信心，立志一定要把萨克斯学好。郑子江说："我非常珍惜每次学习机会，不敢偷懒，经常练到手

▶下转第 6 版

揭陽日報

2022年6月 9 星期四
农历壬寅年五月十一
五月廿三夏至

中共揭阳市委主管、主办　揭阳日报社出版
国内统一刊号：CN44-0035　今日8版　总第13878期

退役军人事务部印发《通知》

扎实做好退役军人就业创业工作

新华社北京6月8日电

奋进新征程 建功新时代 —— 学习贯彻省第十三次党代会精神

王胜到大南海石化工业区调研，强调

强化责任落实　加强协调对接
确保项目如期建成投产

本报讯（记者 蔡泽涛 通讯员 肖篇）

中石油广东石化炼化一体化项目建设不断提速

施工总进度超97%　64个主项实现中交

本报讯（记者 蔡泽涛 通讯员 肖篇）

优化政务服务环境落实"三个爱"

市公安局交警支队车辆管理所：

担当作为办实事　为民服务解难题

□记者 温祥林

"一号窗口"小窗口解决大难题

从军队乐手到普及萨克斯的"拓荒牛"
——记退役文艺兵郑子江

□记者 许小丹

2022年"三支一扶"
计划招募3.4万名高校毕业生

新华社北京6月8日电

韩国驻广州总领事馆访问揭阳

加强交流　深化合作

本报讯（记者 徐剑萍）6月7日，

支光南带队到榕江新城方舱医院选址、
市卫生学校调研，强调

科学规划　积极推动
确保方舱医院随时投用

本报讯（记者 李维照）6月8日，

陈小桥带队到惠来县调研挂钩重点项目、
美丽圩镇建设工作，要求

全力推动项目尽快开工建设

本报讯（记者 黄奕升）6月8日，

揭阳新闻网网址：www.jgrwsw.net

舞台上的郑子江

社区表演

授课

活动表演

遵循古法 "酱" 传百年

——记揭阳市锦盛食品有限公司总经理黄桂盛

1979 年出生的黄桂盛看起来很年轻，但已经有 23 年的酱油酿造经验了。长期以来，他精心研究，一心想把祖宗留下来的酱油酿造技术发扬光大，近年来取得了巨大突破。他整合资源，成立了揭阳市锦盛食品有限公司，自己任总经理。将传承与科普相结合，充分发挥酱油酿造技术非遗资源的开发利用价值，推动酱油酿造技术非物质文化遗产向前发展。

自幼传承酱油酿造技术

黄桂盛的祖父是酱油酿造师，曾经在 1911 年开办的塔南村酱油、白醋作坊务工，他的父亲从小跟着祖父学习酱油酿造。1979年，黄桂盛的父亲重新创业，再次开办酱油厂。黄桂盛五六岁大就跟在父亲屁股后面入豆、铺豆、巡查酱缸、看温度、翻豆。十来岁时，酿造酱油的一切程序他就烂熟于胸。读初中的时候，他就经常帮助父亲铺料，送酱油给乡村的小店。

由于家中突遭变故，1998 年，只有 18 岁的黄桂盛便辍学扛起了酱油厂。他依靠父亲面传口授的酱酿技术，十年如一日，一路碰碰磕磕，勉强维持了酱油厂的生计。他始终坚持真材实料、自然发酵、晒足月份等传统的酿造技术，如此一来产量低，出品慢，利润可想而知，于是合作伙伴纷纷退出，另谋出路了。面对艰难前景，有人劝他也另做打算，但黄桂盛觉得这是父亲留下的，他要努力坚持。

十年铸一剑，品牌走四方

黄桂盛一心想拓展酱油厂，他在长年累月的劳作中，通过配方改良、延长发酵周期等不断试验，终于摸索出了酿造技术的新门道，研发出"锦盛陈酿"。顾客纷纷称言"吃出儿时酱油的老味道"，使他备受鼓舞。2011 年 10 月，黄桂盛铆足干劲，把原来的酱油厂个人独资升级为揭东县锦盛食品厂。他不满足于普通酱油的生产，2013 年 12 月，黄桂盛再次整合资源，把揭东县锦盛食品厂升级为揭阳市锦盛食品有限公司，自己任总经理。他又深入挖掘酱油酿造技艺，在陈酿的基础上再次研制出了风味独特的"双酵酱油"，一上市即刻脱销，成为酱油界的"XO"，2019 年被评为首届揭阳市"旅游十佳手信"。

揭阳酱油 2018 年 1 月被列入广东非物质文化遗产名录。2020 年 11 月，黄桂盛便被评为揭阳市第五批市级非物质文化遗产酱油酿造技艺（揭阳酱油酿造技艺）项目代表性传承人。黄桂盛说："酱油是食品，但好坏除了用料，全在酿造工艺上，我要把这项技术精心传承，把我的企业打造成百年老字号。"

发扬光大非遗技艺，推动产业发展

成功带来了动力与希望，使黄桂盛有了更新的想法。他在酿造工艺上精益求精，不断加大对工人整体素质和业务技能培训力度，公司组建科研团队，包括污水处理技术员，积极探索和创新酱油古法研制技术。目前投放酱油天然发酵池 100 多个。

他认为，文化是企业的命脉，酱油酿造技术是省级非物质文化遗产，要发挥其文化价值。他抓住公司成为揭阳酱油传承基地和揭阳市非物质文化遗产生产性保护示范基地的契机，大力推动文化建设。他规划了 500 平方米的科普展示场地，建设科普长廊、科普资料展示厅，有专职人员为参观学习人员讲述酱油酿造技艺。2020 年 7 月与揭阳市职业技术学院联合成为"产学研"合作单位，2020 年 9 月经揭阳市科学技术局同意将其认定为揭阳市调味品工程技术研究中心。他还准备筹建揭阳酱油博物馆和揭阳市锦盛调味品研究院，收集传统酱油生产设备、工具，搜集揭阳酱油的生产历史、分布区域、销售范围等资料，通过"非遗进社区"等活动，使揭阳酱油酿造技艺更好地传承和发扬，并以文化的形式薪火相传，使宝贵的文化遗产融入社会、融入生活、融入时代。

记者手记

揭阳酱油历史

揭阳酱油老百姓称"揭阳豉油"，是广东潮汕地区家家必备的三餐调味佐料，历史悠久，誉海内外。揭阳酱油主要产于揭阳市区，远销粤、闽、鄂、桂、琼等省区，在东南亚各国享有盛誉。

揭阳酱油迄今已有 100 多年的生产历史了，最早可以追溯至清道光年间，北洋乡人杨详坤在榕城韩祠南侧开设酱油作坊，以"杨财合"为号，正是他把酱油的酿造技术带进了揭阳，并酿造出揭阳优质豉油。后，杨详坤把杨财合老铺传给三个儿子。1906年，由长子杨君泽再传给其子杨子良。1936 年，杨子良年老，再传给长子杨清仁经营，这是最嫡系正宗的揭阳豉油。其他人分支出去再创牌子，虽然不像"杨财合"那么出名，但也多多少少获得一席之地。到 20 世纪 40 年代，揭阳已有大小酱油生产作坊32 家。

1956 年，政府主导公私合营经济，把大大小小的各家酱油作坊合并，利用原有的资源、人力、物力统筹组成揭阳酱油厂。该厂有职工 83 人，固定资产原值 1.08 万元，年产酱油 565.60 吨，产值 34 万元。1979 年，在榕城西郊建成酱油生产新厂区，并创建了"榕江酱油"品牌。1984 年 7 月，原来同厂生产的酱油和味精产品再分离建厂。此后，酱油生产在新产区新建造了 272 个容积为 10.5 立方米的天然发酵池、63 个天然晒油池，年生产量达到 2 万吨。新产品"榕江白豉油精"荣获 1987 年广东省优质产品、1988 年首届中国食品博览会银奖、1991 年国家轻工业部优质产品等奖项和称号，生抽王荣获 1989 年广东省优质产品、1991年国家轻工业部优质产品称号，成为中国食品行业骨干企业。"榕江"商标遂被评为广东省著名商标。揭阳名产"榕江"牌酱油系列产品多达 17 种，高、中、低档配套，具有豉香浓馥、酱香淳厚、鲜美爽口、耐于久藏、质量优良等特点而广受欢迎，并一直统治着揭阳酱油的天下 50 多年。揭阳酱油除了榕江牌，揭阳全市还有部分城镇、乡村生产酱油，个体、联体作坊约近百家，产品主要销售当地和周边地区。

揭阳酱油的制作由选料、原料处理、制曲、发酵、淋油、配兑、煮炼、过滤、成油巴氏灭菌、灌装等十个工序组成。目前，揭阳酱油酿造技艺已被列入广东省非物质文化遗产名录。

黄桂盛的揭阳市锦盛食品有限公司源于 1911 年塔南村开办的锦盛酱油、白醋作坊，后被公私合营。他的祖父从私人作坊技术师变成镇办集体企业酱油厂职工，而他的父亲从小跟着他的祖父学习酱油酿造技艺。1979 年，黄桂盛的父亲退伍回家，在原来老作坊的主人后代邀请下合作开办酱油厂，由于这家人遭遇过风暴，心存顾虑，就请他父亲出任法人代表。恰逢改革开放大潮，酱油厂在他父亲全力以赴的苦心经营下，20 世纪 90 年代成为白塔镇的纳税大户。

黄桂盛自幼跟在父亲身边，学习各种技术，至今令他引以为豪的还是入缸铺料，一只手顺时针一下，逆时针一下，中间一抹，三下就让缸面平整成水平线；水银尺一量，不偏不倚，不高不低，平平整整。黄桂盛介绍，为什么缸面需要平整，就是为了所有黄豆都能够浸到盐，如果浸不到盐，豆就会发霉，发霉不用多，只要小小几十颗发霉豆，虽然影响不了检测质量，但就能够使整缸的酱料酿出来的酱油味道受到影响，所以这个程序必须十分注意。

黄桂盛十几岁就烧土灶、做煤球、送酱油，什么事情都做，只要能够做，他都得帮忙。以前做酱油没有玻璃瓶子装，用咸菜埯那么大的瓦罐装，他十三四岁经常用自行车驮着两埯酱油往乡村的小杂货店送货。他永远都不会忘记黄昏时自行车被陷在穿村的山路上起不来的焦急与绝望，但也许正是有过少年时期的历练，才让他有了坚韧不拔、不想认输的精神。

然而天有不测风云，父亲的意外早逝，使黄桂盛承担起了父亲在酱油厂的角色，法人代表加酿造师傅。在发展的历程中，传统的酿造技术和小作坊逐渐没有办法竞争，合作伙伴另谋出路，独力支持酱油厂的黄桂盛一度深陷困境，但因为是父亲留下来的产业，他不忍心抛弃，努力苦撑。

黄桂盛通过改革创新，不断加强科研人员队伍建设，10 年的试验获得成功，造出了"锦盛陈酿""双酵酱油"，使酱油厂起死回生。他再次整合资源，升级创立食品有限公司，把酱油厂做大做强，2012 年被中共揭东县委员会、揭东县人民政府授予"文明户标兵"称号。其间，公司和个人除了上述荣誉，还在 2017 年被揭阳市食品工业行业协会评为会员单位。2019 年，公司成立中国共产党白塔镇民营企业联合党支部，黄桂盛任支部书记。因黄桂盛长期支持慈善事业，2020 年 1 月 1 日被揭阳市立德堂慈善会授予爱心企业的称号。2021 年，黄桂盛当选为揭东区第三届人大代表。2022 年 1 月，揭阳市锦盛食品有限公司的揭阳白醋酿造技艺被列为揭东区第五批非物质文化遗产保护项目。2022 年，锦盛揭阳酱油酿造技艺被揭东区宣传部编入发现《城市之美——揭东》一书。

揭阳市锦盛食品有限公司作为酱油酿造技艺非遗项目的传承基地，一直致力于揭阳酱油传承与发扬。公司成立了科研团队，其中酱油制作师傅 4 名，企业管理员 1 名，销售人员 3 名，检测技术人员 1 名，污水处理技术员 1 名，产品调配师傅 2 名，并进一步完善基础设施建设，建设投放酱油天然发酵池 100 多个。

黄桂盛二十多年来，把所有的心血和精力都投入酱油的酿造工艺的研发上。他发扬大国工匠的精神，把优秀传统饮食文化的精髓与现代食品生产技术相结合，精心酿造出既遵循古法、保持传统风味，又更加适应现代饮食文化的新潮揭阳酱油，继续打响"揭阳酱油"产品品牌，并合理开发利用，使非遗更好地融入当代、融入大众、融入现代生活。

注：揭阳酱油部分参考揭阳非遗酱油资料。

遵循古法"酱"传百年
——记揭阳市锦盛食品有限公司总经理黄桂盛

□记者 许小鸣

1979 年出生的黄桂盛只有 40 余岁，但已经有 23 年的酱油酿造经验了。长期以来，他精心研究，一心想把祖宗留下来的酱油酿造技术发扬光大，近年来取得了巨大突破。他整合资源，成立了揭阳市锦盛食品有限公司，将传承与科普相结合，充分发挥酱油酿造技术非遗资源的开发利用价值，推动酱油酿造技术非物质文化遗产向前发展。

自幼传承酱油酿造技术

黄桂盛的祖父是酱油酿造师，曾经在 1911 年开办的塔南村酱油、白醋作坊务工，他的父亲从小跟着祖父学习酱油酿造。1979 年，黄桂盛的父亲卖重新创业，再次开办酱油厂。黄桂盛五六岁大就跟在父亲后面入豆、巡查酱缸、看温度、翻豆。十来岁时，酿造酱油的一切程序他就烂熟于胸。读初中的时候，他就经常帮助父亲铺料、送酱油给乡村的小店。

由于家中突遭变故，1998 年，只有十八岁的黄桂盛便挑起打起了酱油厂。他依靠父亲传口授的酱酿技术，十年如一日，一路碰碰磕磕勉强维持着酱油厂的生计。他始终坚持传统的酿造技术，但由于产量低，出品慢，利润微薄，合作伙伴纷纷退出。面对艰难前景，有人劝他也另作打算。但黄桂盛觉得这是父亲留下的，他要努力坚持。

十年铸一剑，品牌走四方

黄桂盛一心想拓展酱油厂，他在长年累月的劳作中，通过配方改良，不断试验，终于摸索出了酿造技术的新门道，研发出"锦盛陈酿"，顾客纷纷称赞"吃出儿时酱油的老味道"，使他备受鼓舞。2011 年 10 月，黄桂盛铆足干劲，把原来的酱油厂个人独资升级为"揭东县锦盛食品厂"。他不满足于普通酱油的生产，2013 年 12 月，黄桂盛再次整合资源，把揭东县锦盛食品厂升级为"揭阳市锦盛食品有限公司"，自己任总经理。▶下转第 6 版

揭陽日報

2022年7月
星期二
19
农历壬寅年六月廿一
六月廿太暑

中共揭阳市委主管、主办 揭阳日报社出版
国内统一刊号CN44-0025 今日8版 总第10816期

如今的姚磨村挺直了腰杆

总书记和人民心贴心

□新华社记者 张旭 冷瑞洁 郭杰

习近平向全球重要农业文化遗产大会致贺信

市中级人民法院出台12条举措
为打造产业强市提供司法服务和保障

推动高质量发展
创造高品质生活

□记者 陈燕丹 通讯员 郭晓怡 李洁

优化政务服务环境筑营"三个最" · 一起手走流程
揭西县积极营造一流营商环境
提高政务服务效能 推动高质量发展

□记者 林楚填 特约记者 商伟波

聚焦"三个最",积极开展"一线工作法"

普宁市大坝镇白坑村:
乡村振兴添动能 红色老区焕光彩

党旗飘扬

□记者 刘少卿

加强党组织建设,为民服务零距离

战高温斗酷暑
大项目建设忙

7月以来,
郑智董 摄

退役军人事务部等三部门联合下发通知
做好"八一"期间
拥军优属拥政爱民工作

据新华社北京7月18日电

支光南参加市府办机关党委第一支部主题党日活动,强调
践行"五个坚持" 当好模范标兵

□本报记者 李桂银

支光南带队调研文明创建及农贸市场升级改造工作,提出
完善城市功能 提升城市形象

□本报记者 蔡晓曦

遵循古法"酱"传百年
——记揭阳市锦盛食品有限公司总经理黄桂盛

□记者 许小鸣

十年磨一剑,品质立四方

自拥有年产酱油晒场技术

063

工作中的黄桂盛

"90后"攻克技术难关，勇夺九项专利

——记广东宝盛兴实业有限公司技术主管陈锐

陈锐，1997年出生的小伙子，朴实憨厚的性情成就了他的执着与专注。2018年毕业后进入广东宝盛兴实业有限公司，担任了技术主管，攻克了困扰公司多年的技术难关。短短三年，获得9项专利，其中3项发明专利、6项实用型专利。推动公司转型升级，并设立广东省博士工作站。

刻苦耐劳，攻克技术难题

陈锐毕业于上海对外经贸大学，原本与五金技术不沾边，2018年进入广东宝盛兴实业有限公司工作后，他深知实业与技术的联系是密不可分的，作为一名高管，他不能不懂技术，于是他主动挑起担子，于当年9月主持组建了广东宝盛兴实业有限公司高性能冷轧卷板工程技术研究中心。公司原主营的普碳钢、带钢冷轧薄板（Q215、Q195）、不锈钢（400系）卷板等产品因为技术瓶颈无法突破在市场竞争中不占优势，成为困扰公司的技术

难题。

面对技术难题，陈锐没有退缩，他带领技术团队先后 10 余次走访北京科技大学、汕头大学及科研院所，与相关科研人员深入交流，围绕钢带生产用修边装置、冷轧钢带表面去毛刺装置、冷轧带钢焊接装置等关键装置开展技术攻关，用两年多的时间，解决了企业发展"卡脖子"的技术问题，使广东宝盛兴实业有限公司冷轧卷板产品得到用户的高度认可，顺利获得了广东省名优高新技术产品、广东省名牌产品认定。

发扬工匠精神，精益求精

陈锐深知创新升级是传统企业的核心，只有努力苦练内功、不断创新，才能紧跟时代步伐，保持企业生命力和竞争力。公司因造合页、导轨成为揭阳家具行业的上游产业供应商，而传统企业因为技术与数量两大瓶颈无法使产品进入质量认证，严重制约产业化发展与提升。他介绍说，这些五金配件虽然不是家具的主要门面，却是家具的细节，质量不好会影响家具产品质量，成为产业链的发展障碍。陈锐凭着年轻人的一腔热血与干劲，四处取经，他到上海宝武集团深蹲学习，并大胆引进流水线机械数控技术，实现企业管理以及生产流程的规范化。通过两年多的努力，顺利通过了 ISO 质量体系认证等多个体系认证。2021 年通过广东省工程技术研究中心、广东省知识产权示范企业认定，使该企业生产的钢材成为合页、抽屉导轨等五金配件商较欢迎的原材料产品，占据了本地三分之一的市场，还与珠三角等大型企业成为长期的合作伙伴。

聚集青年英才，实干兴企

陈锐主持广东宝盛兴实业有限公司技术部以来，大力推动公司的技术研发，已先后取得了3件发明专利和6件实用新型专利，使公司由传统企业转型升级进入广东省"专精特新"企业的行列。2018—2021年，陈锐促进公司投入累计近2亿元作为科技研发，使技术团队对冷轧卷板的关键工序进行工艺优化，对具有良好应用前景的高性能冷轧卷板进行研究开发与产业化，大大提高了生产效率，直接为公司创造了上千万元的经济效益。同时，陈锐还积极引进和培养高层次人才，2022年公司申请并获批设立广东省博士工作站，促进产学研融合发展。

陈锐还乐于公益，在他的倡议和推动下，4年间，公司积极参与多项乡村振兴建设、美丽乡村建设、创文创卫、扶贫济困、疫情防控等公益活动，累计捐资达300多万元，被评为"广东省脱贫攻坚突出贡献集体"。陈锐本人也被揭阳市共青团授予2021年度揭阳市创新创业"向上向善好青年"光荣称号。

记者手记

陈锐进入公司时间不长，但秉着年轻热血，以及对实业前景的正确认识与判断，选择了正确的方向，然后靠自己的兢兢业业、执着专注，带领着技术团队几年来为公司争取到9个专利。其中3个发明专利、6个实用新型专利。

2019年1月获得"一种冷轧钢带表面去毛刺装置"实用新型

专利证书、"一种钢带生产用修边装置"实用新型专利证书；3月获得"一种冷轧带钢焊接装置"实用新型专利证书。2020年4月获得"一种冷轧钢带加工用收料装置"实用新型专利证书、获得"一种冷轧钢加工用抛光装置"实用新型专利证书；5月获得"一种冷轧带钢表面清洁装置"实用新型专利证书；7月获得"一种高速冷轧钢带开卷自动引线上料装置"发明专利证书；11月获得"一种冷轧带钢切割装置"发明专利证书。2021年9月，获得"一种冷轧钢带在罩式退火炉生产防止黏结的装置"发明专利证书。

这些专利是他辛勤劳动的结果，也是他主持下公司从传统产业迈向高精产业的标志。他有效地为公司攻克了公司原主营的普碳钢、带钢冷轧薄板（Q215、Q195）、不锈钢（400系）卷板等产品在市场竞争中不占优势的技术难题，提升了公司整体的市场竞争力。

2018年9月起，陈锐就挑起公司技术攻关的担子，组建了广东宝盛兴实业有限公司高性能冷轧卷板工程技术研究中心，主持推动公司技术质量发展，使公司被评为广东省"专精特新"企业，通过了ISO质量体系认证等多个体系认证，于2021年认定通过广东省工程技术研究中心、广东省知识产权示范企业，实现企业管理以及生产流程的规范化。广东宝盛兴实业有限公司冷轧卷板产品得到用户的高度认可，同时也顺利通过了广东省名优产品、广东省名牌产品认定。

他对公司产品质量，一直是追求精益求精，在质量上着力下功夫。技术团队对冷轧卷板的关键工序进行工艺优化，对具有良好应用前景的高性能冷轧卷板进行研究开发与产业化，大大提高了生产效率，直接为公司创造了上千万元的经济效益。2018—2021 年，广东宝盛兴实业有限公司科技研发投入累计近 2 亿元，占销售收入的 3%。在陈锐技术团队重点攻坚下，公司产品深得用户信赖，市场竞争力不断增强。2018—2021 年，公司业务实现快速发展，纳税总额达 2800 余万元，被评为揭阳市榕城区"光荣纳税大户"。

"不惰者，众善之师也。"作为一名优秀青年企业管理者，陈锐把"打造一流的现代冷轧卷板企业"列为公司发展的目标。为此，他积极主动学习，在 2020 年和 2021 年分别参加广东工业大学和中山大学举办的揭阳市优秀青年民营企业家能力提升研修班培训，并将学习的先进管理理论融入公司发展经营中，积极探索推动建立"科学决策、创新驱动、感恩奉献"的现代企业发展理念，有效助推企业科学高质量发展。

更难能可贵的是，在他的精神感召下，公司快速形成了昂扬向上、团结共进的良好氛围和奋发有为、感恩奉献的企业文化，员工的凝聚力、向心力显著增强。

陈锐还是一个乐善好施的青年，在揭阳许多公益活动中，都能看到陈锐的身影。他积极弘扬乐善好施的传统美德，时时处处播撒文明之花，践行感恩奉献的企业文化本色，用自身行动带动了周围同事积极参与公益活动，展示了一名新时代劳模的责任和担当。在这样有爱向善的集体工作，员工的归属感和荣誉感自然水涨船高，因此更吸引了一批志同道合的优秀人才参与到企业发展中来，有力促进了企业的良性发展。陈锐积极履行着青年一代的社会职责，孜孜不倦投入实体经济和爱心公益事业，积极践行拼搏进取、奋发有为的人生理想，用干劲、闯劲、钻劲鼓舞更多的人争做新时代的奋斗者，不断为家乡繁荣发展作出更多贡献。

他认为："一个人只有在自身的岗位上恪尽职守，把个人梦想与时代紧密联系在一起，才能凸显自己的人生价值。"

陈锐先后当选为揭阳市榕城区工商业联合会（总商会）第六届执委会副会长、揭阳市第七届人大代表、揭阳市司法局人民监督员，荣获揭阳市劳动模范、揭阳市创新创业"向上向善好青年"等多项荣誉称号。

用创新演绎"匠人情怀"

——记广东宝盛兴实业有限公司技术主管陈锐

□记者 许小鸣

陈锐1997年出生，2018年大学毕业后进入广东宝盛兴实业有限公司（下简称"宝盛兴公司"），担任技术主管，先后攻克困扰公司多年的技术难关，使该公司在短短三年时间获得9项专利，其中，发明专利3项，实用型专利6项，有力推动公司转型升级并设立广东省博士工作站。

勇挑重担带队攻克技术难题

陈锐毕业于上海对外经贸大学，所学专业原与五金技术不沾边，2018年进入宝盛兴公司工作后，他深知实业与技术的联系是密不可分的，作为一名高管，不能不懂技术。宝盛兴公司原主营普碳钢、带钢冷轧薄板(Q215、Q195)、不锈钢(400系)卷板等产品，因为技术瓶颈无法突破，在市场竞争中不占优势。为攻克技术难题，陈锐主动挑起担子，于当年9月主持组建了公司高性能冷轧卷板工程技术研究中心。

陈锐带领技术团队先后10多次走访北京科技大学、汕头大学等高校和科研院所，与相关科研人员深入交流，围绕钢带生产用撸边装置、冷轧钢带表面去毛刺装置、冷轧带钢焊接装置等关键装置开展技术攻关，用2年多的时间，解决了企业发展"卡脖子"技术问题，使宝盛兴公司冷轧卷板产品得到用户的高度认可，并顺利通过"广东省名优高新技术产品"、"广东省名牌产品"认定。▶下转第2版

揭陽日報

2022年7月
星期一
4
农历壬寅年六月初六
六月初九小暑

中共揭阳市委主管、主办 揭阳日报社出版

国内统一刊号：CN44-0030 今日8版 总第10801期

"我们要特别重视挖掘中华五千年文明中的精华"

习近平的文化情怀

□据新华社记者

《习近平谈治国理政》第四卷在香港发行

新华社香港7月3日电

"七一"护旗飞行：

"让国旗飞出最美的样子"

□据新华社记者报道

▶下转第2版

"稳"字当头 抓好"双统筹"

国家电投揭阳神泉二海上风电项目建设迎来又一关键节点——

海上升压站导管架顺利发运

本报讯（记者何小珍 通讯员 吴东亮）

全市疫情防控工作电视电话会议召开

密切监测最新疫情动态 抓紧抓实各项防控工作

本报讯（记者 补钰）

我市甲等医院再添新军

揭西县中医医院晋升"二级甲等中医医院"

本报讯（记者 蔡晓芳）

2022年中国"惠来五宝"(预制菜)国际网络节+云展会开幕

拓展消费帮扶 助力产业振兴

本报讯（记者 林宝凤 黄卓奇 摄影）

▶下转第2版

用创新演绎"匠人情怀"

——记广东宝盛兴实业有限公司技术主管陈悦

□记者 许小鸣

▶下转第2版

榕城区重点工作推进会提出

坚持"两手抓两促进" 打好打赢经济翻身仗

本报讯（记者 陈瑶星 吴许方 通讯员 黄秀峰）

071

玉雕作品

御 "龙" 有术　守望平安

——记揭阳市龙颈水电有限公司水库管理部部长李文涛

李文涛是揭西县人，自1996年参加工作，进了龙颈水电有限公司工作至今，20多年来，勤勤恳恳工作，踏踏实实做人，现为揭阳市龙颈水电有限公司水库管理部部长兼工程技术部部长、龙颈水库防汛技术责任人，主要负责水库管理部和工程技术部的工作。

刻苦学习，努力掌握专业技术

李文涛自从参加工作以来，从基层技术员做起，在工作中积极主动学习各种专业知识，利用业余时间不断充实自己的专业理论知识，并积极参加继续教育，先后参加了水利工程岗位培训、职称培训、建造师考试等，努力提升自己的科学文化素质和业务能力，并取得了水电工程师中级职称和二级建造师执业资格证、水利工程建设项目档案工作人员和施工质量评定人员岗位培训证书，取得了助理工程师、工程师、二级建造师等职称。

1997 年，也就是李文涛参加工作第二年，就参与了揭阳市龙颈水电厂下库电站机组增容技术改造工程项目，该项目荣获揭阳市 1997 年度科学技术进步奖一等奖。由于工作踏实，不计较，任劳任怨，于是在 2008 年 11 月至 2010 年 4 月参与龙颈上水库加固工程建设管理工作时，他被任命为施工管理组组长。

利用技术计算指挥排险

李文涛自工作以来，把所学习的专业技术全部用在服务水库龙颈水库的工作上。2016 年，李文涛根据历年来的洪峰数据与排洪数据，通过分析，做出了合理的判断，并按科学数据排洪，使水库安全地度过了 50 年来最猛的汛期。他用精湛的专业技术安全排除了险情。龙颈水电有限公司党委副书记、副总经理叶晓宏介绍，这一次多亏李文涛长期的记录数据和技术计算。险情排除后，李文涛总结了经验，2019 年 5 月重新编写了揭阳市龙颈水库防汛抢险应急预案，2020 年 2 月又组织编写了揭阳市龙颈水库汛期调度运用计划，2020 年 4 月再次组织编写了超标准洪水防御应急预案。

水库的日常工作十分烦琐，而且还要野外作业，但李文涛不厌其烦，水库每个角落天天巡视检查，对水纹记录。每年的 4—6 月、9—11 月是他最忙的时候，从堤防的渗漏到白蚁防治，从阀门启闭机的维护到水库改造工程，都需要李文涛精确的技术支撑。龙颈水电有限公司党委书记、总经理夏东银说，不单是汛期，抗旱保供水也都是通过李文涛技术计算之后预留水量，顺利度过了 2020 年干旱期。

使用专业技术建设水库

2019年，水库实行责任人负责制，市长是领导责任人，李文涛是水库防汛技术责任人，同时签署了责任书。近年来，为了破解龙颈水库早期设计容量限制，2020年9月至今，龙颈水电有限公司开展龙颈下水库除险加固工程和龙颈灌区东灌区总干渠续建配套与节水改造工程建设，李文涛担任施工管理组组长。自两个工程开工以来，他认真做好工程的管理和协调工作，严把质量和安全关，做好安全、质量、投资、进度、合同、信息、档案等管理工作，使揭阳市龙颈下水库除险加固工程在2021年11月被广东省水利水电行业协会评为2021年广东省水利建设工程文明工地。

李文涛自参加工作以来，一直工作在一线上，勤勤恳恳工作，责任心强，养成了严谨、务实的工作习惯。他说："把工作做得更好，是我一辈子要坚持的目标，水库安全关系到周边地区千家万户的生命财产安全，不能不负责任。"

记者手记

2016年，由于降雨量超历史高峰，水库的容水量是建库以来的最高容量，护堤路已经出现大量溢水，水库上游随时都有可能发生山体滑坡和泥石流。而且水库修建时间比较长，修建的时候受客观环境的限制，质量并不是十分坚固，使用多年各种设备承受能力均不如新。情况极为凶险，稍不注意，溃坝是分分钟可能发生的事情。多亏了几十年来水库工作人员的精心维护，当时是使用冲锋舟越过大水到各地排险的。

开闸排洪势在必行，这就需要科学设计排洪，才能确保水库安全。为了解决问题，李文涛根据历年来的洪峰数据与排洪数据，通过分析计算，做出了合理的判断，并按科学数据指挥排洪，最终使得水库化险为夷。每次洪峰过后，李文涛都要对每一次洪水做记录、计算，并及时出具对水库的建筑物进行调整、修改的意见及方案，确保水库安全得到维护。李文涛工作严谨，做足功课，使这次排洪顺利化险为夷。

水库的日常工作十分烦琐，而且还要野外作业，李文涛每天都要在水库每个角落巡视检查，对水纹记录，每年的4—6月、9—11月是他最忙的时候，从堤防的渗漏到白蚁防治，从阀门启闭机的维护到水库改造工程，都需要李文涛精确的技术计算支撑。加强水库日常管理，定期做好水工建筑物的维护保养、白蚁防治等工作，确保大坝安全；做好水库水源保护工作，保障下游生产生活用水；等等，都必须依靠他做好前提工作才能获得保证。一个人长住山里头工作，如果没有对工作的热爱，是很难做出什么成绩的。

龙颈水库是中国广东省揭阳市揭西县境内的一座水库，位于广东省揭阳市揭西县五经富镇之北，龙江河上游。龙江河发源于丰顺县之八乡山，蜿蜒30里，注入揭西县境，又穿越60里，注入榕江南河，为南河最长之支流。龙江河上游蜿蜒20多公里，两岸高山夹峙，当地人称之为"小三峡"。1958年在此建设水库，历时两年余竣工。龙颈水库分有上、下库，在与丰顺交界处建有上库大坝，高达57米，截住洪波，坝上宽阔平坦，将两旁高山连成一片；在下游的龙颈口建有下坝，蓄水量达一亿多立方米，是县内首屈一指的水库。库区碧波浩渺，纵横10余里，风景如画，自然景观旖旎宜人，使人流连忘返。

为了碧水润万家

——记揭阳市龙颈水电有限公司水库管理部部长李文涛

□记者 许小鸣

李文涛是揭西县人，自1996年参加工作20多年来，勤勤恳恳工作，踏踏实实做人，现为揭阳市龙颈水电有限公司水库管理部部长兼工程技术部部长、龙颈水库防汛技术责任人。

李文涛从基层技术员做起，在工作中积极学习各种专业知识，充分利用业余时间不断充实自己，并积极参加继续教育，先后参加了水利工程岗位培训、职称培训、建造师考试等，努力提升自己的科学文化素质和业务能力。

1997年，李文涛参加工作第二年，就参与了揭阳市龙颈水电厂下寮电站机组增容技术改造工程项目，该项目荣获揭阳市1997年度科学技术进步奖一等奖。由于他工作踏实，任劳任怨，2008年11月至2010年4月在参与龙颈上水库加固工程建设管理工作中，被任命为施工管理组组长。

2016年，李文涛根据历年来的洪峰数据和排洪数据，通过科学分析，作出了合理的判断，并按科学数据指挥排洪，使龙颈水库安全渡过了50年来最强的汛期。险情排除后，李文涛总结经验，于2019年5月重新编写了揭阳市龙颈水库防汛抢险应急预案，2020年2月又组织编写了揭阳市龙颈水库汛期调度运排计划，2020年4月再次组织编写了超标准洪水防御应急预案。

水库的日常工作不但十分繁琐，而且还要野外作业，下转第6版

以下为当年建设水库场面的老照片：

龙颈水库工程领导合影

龙颈水库工程第一次代表大会合影

龙颈水库工程第一次代表大会合影

工程劳动建设场面

建成的截洪大坝

龙颈水库工程第一次代表大会合影

从业余到专业　从专业到事业

——记瑜伽教练吴佳曼

吴佳曼是一名"90后"女生，也是揭阳市舞蹈家协会会员。她生长在揭阳，为了学习舞蹈而练了瑜伽，之后却一发不可收拾，一路高歌进发成了一位职业瑜伽教练。

说起从事瑜伽职业教练，吴佳曼轻轻一笑，说："那只能说是命中注定。"吴佳曼5岁的时候，被妈妈送去学舞蹈，因为体形较胖，一直不被看好。15岁那年，妈妈听人介绍说练习瑜伽可以减肥和身体塑形，就劝她利用暑假时间去学习瑜伽。爱美之心驱使，吴佳曼答应了妈妈的要求，报了专业的瑜伽教练班。她至今都忘记不了当时开始练习一字马和开髋这些基本功的疼痛感是什么滋味，每次下课都得扶着楼梯扶手一步步艰难地慢慢下来。但想到自己从中受益，她还是坚持去上课，完成老师布置的作业。

暑假学了2个月时间，她发现不仅仅是身体外在的形体出现喜人的变化，连一直肠胃消化不良的问题也改善了不少。不知不觉，她就喜欢上了这项健身运动了。从那以后，吴佳曼便开始更加努力练习，只要放学后有空余的时间，她便去找老师学习。

由于她十分勤奋，进步也很快。有一次，老师让她去代上一节课，她不敢，在老师的鼓励下，她壮大胆子上了讲台。在上课的过程中，她十分用心指导学员如何练习，温和地用语言引导，耐心地帮助体式矫正，学员上完课很开心，纷纷称赞她的教学，都说练完身体很舒服，对她的教学也满意，吴佳曼也感觉到很开心。从那节课过后，她就经常被老师叫去代课，于是，她渐渐为大家所熟悉。

到读初三时，就有健身机构请她当教练，吴佳曼就一边读书一边兼职去健身机构当教练。后来，她就读中专学校的航空服务专业，毕业后因为相貌体形都不错，很快被某航空公司看中。在入职前，她毅然放弃，选择继续进修学习瑜伽，一个人去了广州，整整两年，跟国内外名师学习，从此开启了瑜伽之路。回来之后，每天从早到晚，穿梭在不同的健身馆当教练，不是在上课，就是在去上课的路上。有一次骑电动车跌倒了，流血不止，她简单清创包扎后继续上课，很受学员的尊重。10 年间，她拿下了瑜伽运动的 16 个资格证。

22 岁那年，吴佳曼自己创业开了一家瑜伽馆，彻底把梦想融进生活。从业 12 年来，她不断探索，并把瑜伽与产后康复、脊椎矫正、颈椎理疗等结合起来，在不断尝试中收到良好的效果。她说现在的人生活节奏和心理负担太重，亚健康的人、有脊柱颈椎疾病的人越来越多。她希望自己学习的技能能帮助亚健康的朋友，让她们通过运动锻炼身体，摆脱亚健康，远离疾病，更好地享受美好的生活。秉着这份初心，去年她专门去广州学习了医学解剖、运动解剖，了解肌肉和骨骼原理，并不惜血本引进了大批辅助器材。吴佳曼说，每次给学员上完课都很快乐，并不是因为这份工作带来多少收入而快乐，而是学员们收获了健康和对自己的感谢，使她找到自身的价值而获得了最大的快乐，她要用自己的努力来倡导一种新的生活方式。

记者手记

爱因斯坦说，一个人最大的幸福就是自己的兴趣恰好成为赖以谋生的职业。吴佳曼就是，所以她是快乐的，也是幸福的。她的故事告诉世界，学历其实并不重要，知识技能才重要。一个人有用与否，人生的价值大小，与权力和官位无关。是时候纠正生活观和世界观了。

关于瑜伽的简述

瑜伽源于古印度，是梵文"Yoga"的译音，意思是"连接、使有密切的关系联系"，后引申为"统一""归一""拓展灵性的方法"等含义。最早的文字记载出现在印度古老的典籍《犁俱吠陀》中，原意是"连接""结合"。英语中的"Yoke"与瑜伽（yoga）词源相同，含义是"轭"，指用农具轭将两头牛连在一起耕地，驾驭牛马之意。简单而言，其含义为"一致""结合"或"和谐"。

古圣贤帕谭佳里所著的《瑜伽经》，对瑜伽的定义为：瑜伽是控制心的意识波动。瑜伽的结合、连接的含义，即把精神、智慧和肉体完美地结合起来，使内心平和与身体健康更为和谐统一，从而把生命和自然结合到最完美的境界。

瑜伽是古印度六大哲学派别中的一系，探究"梵我合一"的道理与方法。有人把它分为 6 个时期，即原始发展、韦达、前经典、后经典和经现代共 6 个时期。

最早可以追溯到公元前 3000 年的印度河文明时期，它与宗教有着密切的关系。瑜伽修持者开始只有很少人，一般集中在寺院、乡间小舍、山洞和密林中，由瑜伽师讲授给那些愿意接受的门徒，这是瑜伽的原始期。原始的瑜伽以静坐、冥想及苦行的形式出现。原始发展时期约为公元前 3000 年—公元前 15 世纪。

韦达时期是在公元前 15 世纪—公元前 8 世纪，在婆罗门教的宗教经典《韦达》中提出了瑜伽的概念，是瑜伽有系统记载的开始。

前经典时期是在公元前 8 世纪—公元前 5 世纪，在《奥义书》（《韦达》圣典的最后部分）中，瑜伽是指一种可以彻底摆脱痛苦的具体的修行方法。

经典时期在公元前 5 世纪—公元 2 世纪，在这一时期出现了瑜伽历史上最重要的两本经典著作——《薄伽梦歌》和《瑜伽经》。公元前 5 世纪，《薄伽梵歌》的出现，完成了瑜伽行法与吠檀多哲学的合一，由强调行法到行为、信仰、知识三者并行不悖。约公元 2 世纪，印度圣哲帕谭佳里创作了《瑜伽经》，阐述瑜伽的理论，意在传播瑜伽的智慧精髓，这是第一本系统阐述瑜伽的专著。这是传统意义上的瑜伽，传统意义上瑜伽是灵魂层面的，它意味着人们可以通过修习瑜伽，解决内心的冲突，发挥自身的潜力，并通过灵魂的修炼超越肉体。

后经典时期在公元 2 世纪—19 世纪。这一时期的早期，对现代瑜伽影响深厚的密教（坦多罗）瑜伽得到蓬勃发展，并在其基础上发展出哈他瑜伽。《瑜伽奥义书》是此时期的重要著作，共有21部。后经典瑜伽不再渴求摆脱我们身处的物质世界，而是强调捕捉当下，接受现实。修行者通过修行逐渐深化自己内在的精神，从内而外，从感官到精神、理性，再到意识，最后把握恢复原本灵性的本性，达到天人合一，即与至尊神连接的境界，达到个体与神从肉体到灵魂的结合。

近现代时期在19世纪至现在，近现代印度民族资本主义兴起，传统的瑜伽思想得到了新的发展。19世纪的罗摩克里希那创立了现代瑜伽，被称为"现代瑜伽之父"。以后，瑜伽逐步才流传在印度普通人中。

经过几千年的演变，随着瑜伽体系与理论的逐步发展，现代人把瑜伽当成一种健身的手段。现代社会，人们的生活节奏加快，而瑜伽的身体练习层面更注重实用，如健康养生、美容减肥等，其具有独特的健身、教育、娱乐价值，而深受练习者的喜爱，在运动健身、心理治疗、美容美体等诸多领域被广泛运用。作为一种控制人们心理与行为的生活哲学，瑜伽能使人的身体和精神得到完美平衡发展。作为印度悠久历史文化与智慧的结晶，目前瑜伽已逐步传入世界各国，成为人们的一种生活时尚。

揭陽日報

2022 年 8 月 **25** 星期四

农历壬寅年七月廿八

八月十二白露

中共揭阳市委主管、主办 揭阳日报社出版
国内统一刊号：CN44-0002 今日8版 总第10863期

习近平同韩国总统尹锡悦互致贺函

新华社北京8月24日电

▶详见第8版

王胜到大南海石化工业区调研，强调

全力服务推进重大项目建设投产

推动高质量发展
创造高品质生活

本报讯（记者 蔡烨雄 通讯员 许学）

《习近平强军思想学习问答》出版发行

新华社北京8月24日电

我市举行"文明创建"青年文艺展演暨 2022 年志愿服务轻骑兵便民公益集市活动

文明揭阳 因您美丽

文明揭阳

本报讯（记者 黄蕾 通讯员 林旭东）

■全力做好台风"马鞍"防御工作

我市各地迅速行动落实各项防范措施

严阵以待做好台风防御工作

我市渔业生产做好台风防御工作，多艘渔船停靠避风。

▶▶揭西县

▶▶惠来县

▶▶榕城区

▶▶大南海石化工业区

▶▶普宁市

▶▶留守古

相关报道见第2版

揭阳报业民网2 版

从业余到专业 从专业到事业
——记瑜伽教练吴佳曼

□记者 洪小丽

延续文化根脉 激发古城活力
——榕城区人大常委会全面助力揭阳古城保护建设综述

讲好人大故事
展现代表风采

□记者 蔡晓梅 潘凤英 黄蕾 吴毓华

深入调研，疏清古城"家底"

从业余到专业 从专业到事业

——记瑜伽教练吴佳曼

□记者 许小鸣

"90后"女生吴佳曼，是我市一名瑜伽职业教练，也是揭阳市舞蹈家协会会员。她为了学习舞蹈，需要练习瑜伽，之后却爱上瑜伽，最终成长为一位职业瑜伽教练。

说起如何当上瑜伽职业教练，吴佳曼笑言是"无心插柳柳成荫"。她5岁的时候，被妈妈送去学习舞蹈，因为体形较胖，一直不被看好。15岁那年，吴佳曼的妈妈听别人介绍说练习瑜伽能够减肥和给身体塑形，就劝她利用暑假时间去学习瑜伽。爱美之心驱使吴佳曼答应了妈妈的要求，于是报了专业的瑜伽教练班。她至今忘不了当初练习一字马和开髋这些基本功的疼痛滋味，每次下课都得扶着楼梯扶手一步步艰难地慢慢地走下来。但想到瑜伽运动能够塑形，她还是坚持上完课并完成老师布置的作业。

利用暑假时间学习瑜伽，吴佳曼逐渐发现自己不仅外在形体发生喜人变化，连一直困扰自己的肠胃消化不良问题也得到改善，不知不觉就喜欢上了瑜伽这项健身运动。从那以后，吴佳曼更加努力练习，只要放学后有空余时间，便去找老师上瑜伽课。

由于十分勤奋，吴佳曼进步很快。有一次，老师让她去代上一节瑜伽课，起初她胆怯不敢上台。后来在老师鼓励下，她壮着胆子上讲台上课，用心指导学员如何练习。温和的语言引导，耐心地帮助学员纠正体式，让学员上完课很开心，纷纷点赞她的教学。从那节课过后，她就经常被老师叫去代课，这让她更加努力，瑜伽运动水平也提高得很快。

还在读书的时候，便有健身机构邀请吴佳曼去当教练，于是她一边读书一边到健身机构兼职当教练。从中专学校航空服务专业毕业后， ▶下转第6版

吴佳曼正在练瑜伽

舞台展示

生活中的吴佳曼

舞台展示

从学校运动健将到职业教练

——记羽毛球教练李冬阳

李冬阳是揭阳市一名职业羽毛球教练，从运动健将到自创培训机构，成为一名职业教练。15 年来，他辛勤耕耘，硕果累累，培养了大批优秀学生，其中国家一级运动员 2 名，二级运动员 1 名。他苦心钻研的一套教学方法，包括经验和动作示范，以图示配文形式于 2018 年被北京理工大学出版社收录于《大学体育与健康信息化教程》一书，成为高等职业教育"十三五"规划新形态教材资料。他在群众体育工作中作出了巨大的贡献，2021 年 9 月被国家体育总局评选为"全国群众体育先进个人"。

从足球健将到羽毛球高手

李冬阳从高中时候就喜欢打篮球，到了广西读书又疯狂迷上足球，他梦想当一名职业球员，但高昂费用和比赛受伤无法再踢足球，让他不得不改学羽毛球。毕业回到家乡，原本可以分配到学校当老师的他，为了达成梦想，选择自己创办广告公司，挣钱

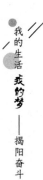

供自己打球。

为了给自己创设一个更好的打球平台，2007 年，他应时创立自己的羽毛球培训机构，成了一名群众羽毛球教练员。他善于学习，吸取了科学合理的训练体系，耐心指导，为省、市体育运动学校输送大批优秀专业运动员，受到社会各界人士、家长、学生的一致好评。2010 年，他被聘任为揭阳市榕城区国家青少年体育俱乐部羽毛球培训基地董事、总教练，2014 年被评为揭阳市第六届运动会暨第三届中学生运动会榕城代表团优秀教练员，并于 2022 年 7 月成为省第十六届运动会体育组羽毛球项目群众组领队和 11 月的羽毛球项目竞技组揭阳代表队教练之一。

多年来，李冬阳边工作，边教学，边参赛，经常获得好成绩。在 2019 年，他荣获全国东南西北中羽毛球大赛选拔赛暨第十四届全运会羽毛球项目群众组选拔赛（广东赛区深圳站）C 组混合双打项目冠军、C 组男子单打亚军的好成绩，成了羽毛球界知名高手。

乐于奉献，积极推动行业发展

李冬阳长期置身在这个行业，了解到揭阳热爱羽毛球的群众很多，基础很不错，为了使羽毛球爱好者有更好的发展空间和行业的健康发展，他四处奔走，发动成立行业协会。在他的多方努力下，揭阳市羽毛球运动协会于 2019 年 8 月 8 日正式成立，他先后担任了秘书长和会长等职务。协会成立使揭阳的羽毛球运动走上了制度化、规范化道路，如今，该协会已有会员 400 多人，成为我市群众体育的一个重要组织。

担任会长期间，李冬阳积极开展公益活动，他带领协会联合揭西县五经富志愿者协会，组织教练团队到揭西县北山中学现场授课，并捐赠了羽毛球器材和定制球服，助力校园羽毛球教育。2020年新冠肺炎疫情期间，他带领会员，动员学生家长，捐款41200元，购买了抗疫物资支援我市各个防控点做好疫情防控工作。

为了解决活动场地的限制，李冬阳在找不到任何外援的情况下，咬紧牙关自费按国标投建羽毛球馆。2021年7月，新羽毛球馆如期开放，该场馆建成后成为本市较好的羽毛球训练馆，使我市的体育基础设施得到了很大的加强。他还积极配合主管部门的各项相关工作，并顺利完成任务。多年来，李冬阳兢兢业业，用自己的敬业精神、脚踏实地的奋斗，朝自己的人生理想迈进。

从运动健将到职业教练
——记羽毛球教练李冬阳

□记者 许小鸣

李冬阳是我市一名职业羽毛球教练，从运动健将到自创培训机构，成为一名职业教练。15年来，他辛勤耕耘，硕果累累，培养了大批优秀学生成为广东省青少年注册专业羽毛球运动员，其中国家一级运动员2名，二级运动员1名。他苦心钻研的一套教学方法，包括经验和动作示范，2018年以图示配文形式被北京理工大学出版社收录于《大学体育与健康信息化教程》一书，成为高等职业教育"十三五"规划新形态教材资料。他在群众体育工作中做出了贡献，2021年9月被国家体育总局评选为"全国群众体育先进个人"。

昔日足球健将变成羽毛球高手

李冬阳从高中时候就喜欢打篮球，到了广西读书又疯狂迷上足球。他梦想当一名职业球员，但高昂费用和身体受伤无法再踢足球，让他不得不改学羽毛球。毕业回到家乡，原本可以分配到学校当老师的他为了达成梦想，选择自己创办了广告公司，挣钱供自己打球。

2007年，他创立自己的羽毛球培训机构，成了一名群众羽毛球教练。由于他善于学习，吸取了科学合理的训练体系，经过他的耐心指导，学员获得好成绩，为省、市体育运动学校输送大批优秀专业运动员，受到社会各界人士的一致好评。他于2010年被聘任为榕城区国家青少年体育俱乐部羽毛球培训基地董事、总教练；2014年被评为揭阳市第六届运动会暨第三届中学生运动会榕城代表团优秀教练；2022年7月出任省第十六届运动会体育组羽毛球项目群众组领队和11月的羽毛球项目竞技组揭阳代表队教练。

多年来，李冬阳边工作，边教学，边参赛，多次获得好成绩。▶下转第2版

揭陽日報

2022年6月 **14** 星期二
农历壬寅年五月十六
五月廿三夏至

中共揭阳市委主管·主办　揭阳日报社出版

国内统一刊号CN44-0033　今日8版　本刊10867期

国务院办公厅印发意见

进一步推进省以下财政体制改革工作

新华社北京6月13日电

中央军委主席习近平签署命令
发布《军队非战争军事行动纲要(试行)》

新华社北京6月13日电

"总书记的真心关怀,暖到了人的心窝子里"

■书记和人民心贴心

□新华社记者 冯 华

新华社北京6月13日电

我市以三江水系为依托,高质量推进碧道建设

呵护三江碧水　扮靓河湖生态

推动高质量发展
创造高品质生活

□记者 陈海宏

我市认真落实节能优先方针,积极营造节能降碳浓厚氛围

节能提高能效工作成效明显

□本报讯（记者 郑乔慧 通讯员 林灿坤）

核酸采样如何保障规范性?
国务院联防联控机制这样回应

新华社北京6月13日电

未来一周我市降水仍频密

需继续加强防御山体滑坡等地质灾害

□本报讯（记者 郑乔慧 通讯员 林灿坤）

从运动健将到职业教练
——记羽毛球教练李冬阳

□记者 林小鸿

普宁市原国土资源局党组书记、局长陈波武
接受纪律审查和监察调查

□本报讯

高等职业教育"十三五"规划新形态教材

iPraclass

大学体育与健康信息化教程

主审 王旭惠

主编 连远斌 张乐为

北京理工大学出版社
BEIJING INSTITUTE OF TECHNOLOGY PRESS

《大学体育与健康信息化教程》

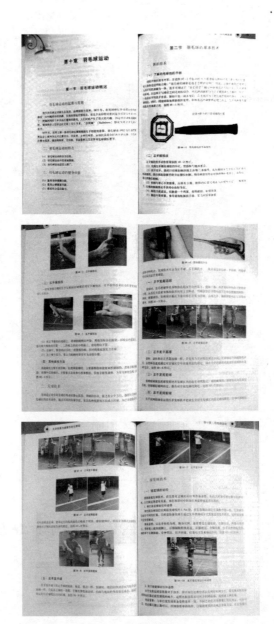

教材内容展示

教材内容展示

风雨与共，锻造业务尖兵

——记普宁市气象局突发事件预警信息发布中心工程师周树彬

周树彬是普宁市气象局突发事件预警信息发布中心工程师，主要从事防雷检测工作，同时负责雷电灾害防护知识的宣传和人工影响天气作业等工作。他对工作认真负责，踏实肯干，业绩突出，16年来与风雨连成一体，锻造成业务尖兵，受到单位领导的好评。

不怕苦不怕累，做好安全生产护航人

周树彬1983年2月出生，是潮州饶平县人。2006年毕业于广东海洋大学防雷技术专业。当年6月，揭阳市气象局领导带队到广东海洋大学公开招聘，周树彬应聘了，10月便进入普宁市气象局工作，一直从事管理防雷检测一线工作。普宁气象局将管理区域分南北两个片区，周树彬负责管理南片区，片区内的油站、气库、学校、机关、车站、工厂、大型建筑等地方都配备有避雷设备，每年至少需要检测两次。他不怕苦不怕累，为社会安全生产提供了必要条件，年均为易燃易爆场所做防雷检测服务多达150多家。

16年来，周树彬每年都要循环反复给这些地方做检测。他带着检测组奔走在各地，而日常防雷检测工作是户外作业，冬天冒着严寒，夏天顶着烈日，又苦又累，夏天出门作业都要多带几身衣服，每次出门检测，一天换三四身衣服就是正常的事，最夸张的一次是一天换了10身衣服。检测回来，周树彬还不能够休息，要整理数据生成报告，每一份检测报告表都要录入广东政务服务网广东省气象局网上服务窗口审批，审批通过，获得唯一二维码标识，还要录入全国防雷减灾综合管理服务平台。烦琐的整理工作需要逐日完成，大大增加了他的工作量，他争早夺晚，每天总是最早到单位，等大家上班了，他已经完成整理工作，又和同事一起出门干活了。

业务尖兵筑牢气象防灾减灾防线

多年来，周树彬除了做好普宁市辖区内的气象观测站防雷检测工作，保障区域气象自动站各项观测数据的正常采集以及顺畅传输外。每到气象日、安全生产月、科技进步月、防灾减灾日等时段，周树彬还要四处奔走做宣传工作。除此之外，碰到干旱天气，需要人工降雨，他就要24小时待命，等到天气符合人工增雨条件，即刻指挥操作人员开展人工降雨作业，做好辖区内防灾减灾服务工作。

周树彬是单位技术带头人，他努力规范防雷检测业务流程，坚持"预防为主、防治结合"的工作理念，传、帮、带、导新同志，加强防雷业务管理。2022 年 6 月，他以过硬的技术水平获得揭阳市首届气象行业综合技能竞赛个人全能奖一等奖，"综合业务基础理论"单项竞赛一等奖，"专业技术实操"单项竞赛一等奖。除此之外，2018 年他被评为"揭阳市气象局重大气象服务先进个人"，2021 年被评为"2021 年度前汛期重大气象服务先进个人"和"2021 年度重大气象服务先进个人"，2021 年在揭阳市气象局举行的"传承历史再创辉煌"党史学习教育知识竞赛中荣获三等奖，2021 年被中共普宁市直工委授予"党员示范岗"荣誉，同时当选中国共产党普宁市第十四次代表大会党代表和揭阳市第七次代表大会党代表。面对荣誉，周树彬谦虚地说："那是对过去的总结，对未来的鼓励和鞭策。"

记者手记

普宁市气象局简介

普宁气象创办于 1958 年，当年 6 月，广东省气象局派刘场州同志去普宁县筹建气候站。1959 年 1 月 1 日更名为普宁县气象站，并开始做气象观测记录。

普宁气象站成立后，随着政治和经济形势的发展，单位名称、隶属关系、机构设置和人员编制几经变更。1981 年 6 月，设立气象局，属县局级单位，气象局与气象站试行局站合一，两块牌子，一套人马。1993 年 6 月普宁撤县设市，单位更名为广东省普宁市气象局（站）。1997 年 3 月机构改革，本市气象机构实行局（站）合一。

1999 年底以前，气象局（站）址在流沙大道东，新坛村地界内，占地总面积 1867 平方米，工作场地狭窄，环境条件较差。

1997年，省气象局和普宁市政府先后批复文件支持气象局择址征地迁站。同年12月，普宁市国土局在现址钟潭村统征土地13.44亩划拨给气象局。1999年底，普宁市气象局新址业务楼和观测站建成交付使用，2000年元旦起行政、业务全面迁到新址办公。

2013年以来，在国家、省、市气象局和普宁市委市政府的大力支持下，普宁市气象局在普宁市大坝镇陂乌村三台山完成新国家地面气象观测场的建设，并于2020年1月1日起正式运行。2021年底完成新业务用房以及相应基础设施的建设，大大提高了普宁市气象探测基地安全性和附属设施的完备性。目前，全市共有1个国家气象观测站和50个区域自动气象站，每个乡镇都建有1个以上的区域自动气象站，大大提高了区域自动气象站的乡镇覆盖率，织密了普宁气象观测网。

风雨与共锻造业务尖兵
——记普宁市气象局突发事件预警信息发布中心工程师周树彬

□记者 许小鸣

周树彬是普宁市气象局突发事件预警信息发布中心工程师，从事防雷检测工作，同时负责雷电灾害防护知识的宣传和人工影响天气作业等工作。他工作认真负责，踏实肯干，业绩突出，16年来与风雨做伴，锻造成业务尖兵，受到单位领导的好评。

不怕苦不怕累做好安全生产护航人

周树彬1983年2月出生，是潮州饶平人。2006年毕业于广东海洋大学防雷技术专业。当年毕业后通过揭阳市气象局公开招聘，进入普宁市气象局工作，一直从事管理防雷检测一线工作。普宁气象局将管理区域分南北两个片区，周树彬负责管理南片区，片区内的油站、气库、学校、机关、车站、工厂、大型建筑等等地方都备有避雷设备，每年至少需要检测2次。他不怕苦不怕累为社会安全生产提供了必要条件，年均为易燃易爆场所做防雷检测服务多达150多家次。

16年来，周树彬每年都要循环反复

给这些地方做检测。他带着检测组奔走在各地，而日常防雷检测工作是户外作业，冬天冒着严寒，夏天顶着烈日，又苦又累，夏天每次出门检测，一天换三四身衣服是正常的事，最多的一次竟换了十身衣服。检测回来，周树彬还不能够休息，要整理数据出报告，每一份检测报告表都要要求进入广东政务服务网广东省气象局网上服务窗口审批，审批通过后，还要录入全国防雷减灾综合管理服务平台。繁琐的整理工作需要逐日完成，大大增加了他的工作量。他争早贪晚，每天总是最早到单位，等大家上班了，他已经完成整理工作，又和伙伴一起出门干活了。 ▶下转第2版

揭陽日報

2022年7月25日 星期一 农历壬寅年六月廿七 七月初十立秋
中共揭阳市委主管、主办 揭阳日报社出版
国内统一刊号·CN44-0035 今日8版 总第10622期

习近平向阿尔巴尼亚新任总统贝加伊致贺电

新华社北京7月24日电 国家主席习近平24日致电贝加伊，祝贺他当选阿尔巴尼亚共和国总统。

习近平在贺电中指出...

我市组织收看全省疫情防控工作电视电话会议并套开全市相关会议

坚持主动防早发现快处置
筑牢"外防输入"防线

本报讯（记者 蔡泽青 通讯员 黄嘉）...

市审计局以"三个聚焦"全力服务优化政务营商环境

发挥专业优势推动高质量发展

推动高质量发展 创造高品质生活

本报讯（记者...）...

优化政务服务环境落第"三个最" 一批手走流程

大南海石化工业区不断提升政务服务质效

让企业与群众少跑腿好办事

□记者 郭文婷 黄澎典 通讯员 陈榕波

▶下转第2版

"奔跑"中的
惠来临港产业园

□本报记者 黄素龙文/摄

"你们一针一线绣出来，何其精彩！"

习近平的文化精神

□综合新闻中心记者

市市场监管局致推进党建工作与市场监管相结合

党建引领"小个专"
市场焕发新活力

本报讯（记者 黄燕丹 通讯员 张群瑜）...

▶下转第2版

风雨与共锻造业务尖兵
—记普宁市气象局突发事件预警信息发布中心工程师周树彬

□记者 陈顶谊

不怕苦不怕累守护安全护航人

奋斗者 劳动美

工作中的周树彬

工作中的周树彬

工作中的周树彬

传扬潮人文化　力促潮剧发展

——记揭东区潮剧团团长陈希漫

陈希漫是揭东区潮剧团团长，2004 年入职潮剧表演，由于刻苦耐劳、努力学习，受到吴炎州、王立藩、涂锡华等剧团前辈的悉心指导，两年之后在《吴越春秋》中饰演西施一角而走红，并迅速成长为剧团台柱。2021 年 10 月，吴炎州退休之后，她接替了团长一职，在低迷的市场状态下，奋力拼搏，挑起运营与开拓市场的重担，积极维护剧团的正常运转。

中道入职

陈希漫坦言，自己对潮剧并不是从小就有兴趣。因为母亲是一个地地道道的戏迷，但没有机会去唱戏，把希望寄托在她身上。母亲给她取名"漫希"，希望她像陈学希那样出名。后来上户口，被人写倒了变成"希漫"。2004 年中专幼教专业毕业后，本来已经找到工作，当年 9 月即可以入职，可母亲看到揭东潮剧团正在招人广告后，就要求她去参加考试。她心想自己一窍不通，去也白去，但为了安慰老母亲，她还是去了，结果却中了。

入职那天，吴炎州团长对她说，剧团的待遇很低，没编制，没工资，现在开始学，只有剧团下乡演出的时候能跟出去打杂，每个晚上 20 元补贴。

刻苦练功

因为中途入职，陈希漫就像一张白纸，她跟着剧团的老前辈学习，涂锡华教她动作，王立藩教她唱腔。陈希漫学习非常刻苦。为了更快地掌握潮剧基本功，她争分夺秒，跟着剧团出去演出的时候，别人还在睡梦中，她已经早早起床练功了；学唱腔的时候，每天要开着摩托车跑几十公里的路程到王老师家里去和弦练唱，风雨无阻。日子过得极为辛苦，她动摇了，但回家看到母亲很高兴，她又忍着继续。

她勤学苦练、刻苦耐劳的精神，剧团的每个前辈都看在眼里。在排练新戏《吴越春秋》的时候，她被安排出演西施的角色。她十分珍惜来之不易的机会，这不单单是剧团栽培的机会，也是决定她是否可以在潮剧表演上混下去的检验标尺。她拿出 200% 的干劲投入学习排练。

西施走红

2006 年，《吴越春秋》排练成功。首次公演，当时揭东县委县政府的领导都到场观看，陈希漫出演的西施，从扮相、身段、动作到唱腔都很完美地征服了全场观众。当县主要领导在演出完询问演员情况时，得知"西施"是个临时工，没有编制，没有工资，十分惊讶，当即表示会解决。不久之后，陈希漫的编制问题解决了，她成了一个名副其实的潮剧演员。

从此，陈希漫成为揭东潮剧团的台柱。她先后饰演了《金玉良缘》中的常如玉、《白高粱》中的钱夫人、《罗衫记》中的郑巧娘、《一门四状元》中的杨大孝（女小生）和《太子张云龙》中的龚凤宸等角色。

因为有扎实的基本功，她很多角色都能胜任，所以经常临阵补台。有时因为一部戏的角色多，演员不够，她就要反串小生，甚至担任多个角色。《一门四状元》中的杨大孝（女小生）和《太子张云龙》中的龚凤宸、冯素真、赤刁玉3个角色就是这样诞生的。

传承发扬

2021年10月，吴炎州团长退休，陈希漫接过团长的职务。近十年来，潮剧市场持续进入低迷状态，加上两年的疫情影响，不能演出，使剧团经济更是雪上加霜。剧团没有收入，势必要影响人员的稳定。她除了自掏腰包，解决了剧团的最燃眉之急，就是四处活动，利用各种资源，争取演出机会，解决剧团人员的生存问题。自她继任以来，基本保证了每月的正常演出。陈希漫说，潮剧作为一个地方剧种，身为此中人，就要积极发扬，但形势熬人，任重道远，既然来了，就努力前行吧。

记者手记

关于潮剧

潮剧又名潮州戏、潮音戏、潮调、潮州白字（顶头白字）、潮曲、"泉潮雅调"等。最广泛的称谓"潮州戏"和白字戏（主要与正字戏、外江戏区别），与梨园戏关系密切。它是用潮州话演唱的一种极富地方特色的古老地方戏曲。潮剧的英文名为"Teochewopera""Chiu-chowopera"，是中国的一大剧种，广东四大剧种（粤剧、潮剧、汉剧和雷剧）之一。它的唱腔优美，音乐动听，表演形式独特，被誉为"南国奇葩"。

潮剧在国内主要流布在广东东部潮汕地区、福建闽南漳州地区及香港等。潮剧经常在庙会上演出，表示对"老爷"（指神明）的尊敬，老百姓也喜爱在非常热闹的氛围下观看，使节日氛围更加浓重，因此，潮剧要比其他剧种更具浓郁的民俗色彩。在国外，潮剧还广泛流行于东南亚以及西方许多国家，有讲潮汕方言的华侨、华裔聚居的地区都有潮剧，它因此成为连接海内外2000多万潮汕人的精神纽带。潮剧是具有明显代表性的地方剧种，又是潮州文化的重要传承载体，是潮汕文化不可分割的重要组成部分。

潮剧历史悠久，是宋元南戏的一个分支，由宋元时期的南戏逐渐演化，迄今已有440多年历史。它主要吸收了弋阳、昆曲、梆子、皮黄等特长，结合本地民间艺术，如潮语、潮州音乐、潮州歌册、潮绣等，最终形成自己独特的艺术形式和风格，2006年被列入第一批国家级非物质文化遗产名录。

潮剧最早的称谓是潮腔、潮调，至清代民初，则称为潮音。关于潮剧的起源，历来众说纷纭，有人根据潮剧包公的脸谱分析，是从潮州巫术"关戏童"发展起来的；有人说潮剧是弋阳腔的一支，是"弋阳腔在各地流传后的直接产物"。直到20世纪30年代以来，流存于海外的明代潮剧剧本的发现，以及明代艺人手抄南戏剧本在潮州出土，潮剧的渊源得到了更为准确的史料佐证。

1936年，我国历史学家向达在《北平图书馆馆刊》上发表《记牛津所藏的中文书》一文，首次介绍存于英国牛津大学图书馆的潮剧明代刻本《班曲荔镜戏文》（即《陈三五娘》剧本）。戏文的全题为《重刊五色潮泉插科增入诗词北曲勾栏荔镜记戏文》。牛津大学所藏的这个刻本，因"最后一页有残缺，不能知道此书究竟刊于何时"，但向达认为"就字体各插图形式看来，类似明万历左右刊本"。1956年，梅兰芳和欧阳予倩率中国京剧团到日本访问，看到了藏于日本天理大学的明刊本《班曲荔镜戏文》和藏于东京大学东洋大学研究所的《重补摘锦潮剧金花女大全》（附刻《苏六娘》）。藏于天理大学的明刊本《班曲荔镜戏文》，与英国牛津大学所藏的《班曲荔境戏文》是同一刻本，但该本保存完好，末页是书坊告白的文字及"嘉靖丙寅年"字样。嘉靖是明世宗朱厚熜年号，嘉靖丙寅年即公元1566年。藏于东京大学东洋大学研究所的《重补摘锦潮调金花大全》，没有刊刻年号，但据专家考证，系明代万历年间刻本（见《明本潮州戏文五种后记》）。嘉靖刻本卷末刻有书坊一段告白："重刊荔镜记戏文，计一百五叶，因前本荔枝记字多差讹，曲文减少，今将潮泉二部，增入颜臣、勾栏、诗词、北曲，校正重刊，以便骚人墨客，闲中一览，名曰荔镜记，买者须认本堂余氏新安云耳。"说明这个"重刊"本，是从旧本"荔枝记"，糅合潮泉二部，增"颜臣""北曲"等内容，并"校正"日本荔枝记文字的差讹而成的。1964年，牛津大学东方研究所主任、汉学家龙彼得教授在奥地利维也纳国家图书馆又发现潮剧的另一个明代刻本，这就是刊于明万历辛巳年（公元1581年）的《新刻增补全像乡谈荔枝记大全》。这个"新刻增补"的潮剧本，不称《荔镜记》，而称《荔枝记》，是与《荔镜记》同一故事内容的不同演出本。它的底本是不是嘉靖重刻的荔镜记依据的原本，谁都不知道，但这个刻本是"新刻增补"本，说明在万历之前，已有原刻（初刻）存在了。这个刻本的卷首，刻有"潮州东月李氏编集"字样，这个特别有意思，因为地方戏曲向来不登大雅之堂，所以戏曲编剧者署上名字也不多见，这个刻本把编剧者潮州人李东月也刻上了。

就在流传于海外的潮剧明代刻本被陆续发现期间，1958年和1975年，揭阳县渔湖和潮安县凤塘两地的明墓中相继出土《蔡伯皆》(即《琵琶记》)和《刘希必金钗记》手抄剧本，这两个抄本的出土，引起国内外戏曲专家的高度重视，认为"是研究戏曲发展史的珍贵文献"，是"新中国建国以来戏曲文物的一次重大发现"。

我国戏曲在12世纪至13世纪形成北方杂剧和南方戏文（南戏）。北杂剧在宋金形成了弋阳腔（江西）、海盐腔、余姚腔（浙江）、昆山腔（苏州）以及泉潮腔（闽南粤东）等声腔剧种。南戏流传到各地并形成地方声腔剧种，一般有两种情况，"一种是南戏原有的曲调流传到各地之后，被戏曲演员以当地语言传唱着，由于语言、语调上的差别，使之不断变化，在风格上也逐渐地方化起来；一种是当地的民间音乐——从秧歌、小调直到某些宗教式歌曲，不断地被采用到戏曲中来，丰富着原有的曲调。这两种因素相互渗透，便形成了若干不同风格的声腔剧种"。明本潮州戏文的发现，证明了现潮汕地区在元明时期有过繁荣的南戏演出活动，一些在史籍上记载已佚的宋元南戏早期剧本，如《颜臣》（即《陈颜臣》，演陈颜臣与连静娘的故事）、《刘希必金钗记》，就是早期南戏曾在现潮汕地区流传的佐证。

《荔枝记》《荔镜记》来源于潮州民间故事，结构完整，手法娴熟，是用潮腔演唱的剧本，说明潮腔在嘉靖年间已趋于成熟。那么，它形成的年代自然应在嘉靖之前。前到什么年代呢？有的戏曲研究专家根据有关的史料，认为"明中叶以前，泉潮腔已很盛行，它有独特的剧目和演出形式，流传在泉州、漳州、潮州一带"。"明中叶以前"即15世纪初，距今已有500多年了，如果从《荔镜记》刊刻的嘉靖丙寅（1566年）算起，潮剧历史的绝对数字也有440多年了。

潮剧是中国古老戏曲存活于舞台的生动例证，是中华民族优秀文化表现形式的代表之一，具有深刻的历史意义和较高的审美价值。1990年以后，潮剧受到市场经济的制约和多种现代文艺形式的冲击，投资减少，人才流失，艺术水平下降，优秀的传统表演艺术濒临灭亡，处在艰难发展的状况之中，亟待保护和扶持。2006年5月20日，潮剧经国务院批准列入第一批国家级非物质文化遗产名录，并已在广州成立广东省潮剧发展与改革基金会。

《蔡伯皆》于1958年在揭阳县渔湖公社西寨村的一座明墓中被发现。共出土5册，其中3册在出土后毁损无存。抄本《蔡伯皆》共两册，其中"总本"1册，54页；"生本"1册，38页；残文3页，总共95页。"总本"从"高堂称庆"至"糟糠自恹"，是全剧上半部的写本。"生本"从"南浦送别"至"一门旌表"，中间有残缺。

《刘希必金钗记》于 1975 年 12 月 23 日在潮安县凤塘公社西山溪一夫妇合葬的明墓中被发现。写本正文 72 页，计戏文 67 出（中间缺 4 出），附锣鼓谱"三棒鼓"、"得胜鼓"（1 页）、散曲"黑麻序"（2 页），共 75 页，正文页中间有"宣德六年"，末页有"宣德七年六月"字样，是明宣德年间写本。

潮剧的角色很多。明代为生、旦、贴、外、丑、末、净 7 行，而且每一种还有不同类型。俗语用"四生、八旦、十六老阿兄"来形容一个演员阵容齐全的标准。四生即小生、老生、花（丑）生、武生；八旦即乌衫旦、闺门旦、彩罗衣旦、武旦、刀马旦、老旦、丑旦（女丑）；"老阿兄"是指在剧中扮演的各种杂角。

从表演上来看，潮剧的角色行当中以生、旦、丑最具地方特色。生旦戏《扫窗会》被誉为中国戏曲以歌舞演故事的典型代表。潮剧丑角分为十类，其中项衫丑的扇子功蜚声南北，为世所称；老丑戏《柴房会》中，丑角的溜梯功为潮剧所独有，在戏曲界享有盛誉。

潮剧在过去一直实行童伶制，小生、青衣、花旦均由儿童艺人担任，这些艺人长大后，声音改变，即被淘汰，这一体制严重阻碍潮剧艺术的发展。新中国成立后，废除了童伶制，并在各方面锐意改革，培养了一大批优秀演员，使潮剧这一古老艺术焕发出新的光彩。

注：本文参考了张庚、郭汉城主编《中国戏曲通史》，刘念兹《南戏新证》和揭阳文化馆申报非遗资料整理而成。

让更多的人喜欢潮剧

——记揭东区潮剧团团长陈希漫

□记者 许小鸣

陈希漫是揭东区潮剧团团长。2004年她开始从事潮剧表演，由于刻苦学习，受到剧团前辈的悉心指导，两年之后在《吴越春秋》中饰演西施一角而走红，并迅速成长为剧团台柱。2021年10月，老团长退休之后，她接替了团长一职，奋力拼搏，挑起运营与开拓市场的重担，为潮剧的传承创新不懈努力。

半道出家学潮剧表演

陈希漫坦言自己是半道出家学潮剧表演。因为母亲是一个地地道道的戏迷，但没有机会去唱戏，就把希望寄托在她身上，给她取名"漫希"，意喻像潮剧名角陈学希那样出名，后来又改为"希漫"。她在2004年中专幼教专业毕业后，本来已经找工作，当年9月即可以入职。母亲看到揭东潮剧团正在招人，就让她去报名参加考试，结果真的考上了。

进入潮剧团后，陈希漫就跟着剧团的前辈学习。学习非常刻苦。为了更快地掌握潮剧基本功，她争分夺秒：跟着剧团出去演出的时候，别人还在睡梦中，她已经早早起床练功；学唱腔的时候，每天要开着摩托车跑几十公里的路程到前辈家里去和弦练唱，风雨无阻。这些日子过得非常辛苦，让她产生动摇的念头，但回家看到母亲很高兴，她又继续坚持勤学苦练。

因出演西施而走红

陈希漫勤学苦练的精神，剧团的每个前辈都看在眼里。2006年在排练新戏《吴越春秋》的时候，她被安排出演西施的角色。陈希漫十分珍惜来之不易的机会，这是决定她是否可以在潮剧表演路上走下去的检验标尺。因此，她拿出200%的干劲投入学习排练。

2006年，《吴越春秋》排练非常成功，首次公演。陈希漫出演的西施，从扮相、身段动作到唱腔都完美地征服了全场观众。

从此，陈希漫成为揭东区潮剧团的台柱。她先后饰演了《金玉良缘》中的常如玉，《白高粱》中的钱夫人，《罗衫记》中的郑巧娘，《一门四状元》中的杨大孝（女小生），《太子张云龙》中的龚凤凰、冯素真、赤刁玉等三个角色。

扎实的基本功使她很多角色都能胜任，她经常临阵补台。有时因为一部戏的角色多，演员不够，她就要反串小生，甚至担任多个角色。《一门四状元》中的杨大孝（女小生），《太子张云龙》中的龚凤凰、冯素真、赤刁玉3个角色就是这样诞生的。

2021年10月，老团长退休，陈希漫接过团长的职务。她说，潮剧是国家级非物质文化遗产，作为潮剧从业者，要做好潮剧的传承工作，让更多的人喜欢上这门艺术。

揭阳日报

2022年7月 **8** 星期五

农历壬寅年六月初十

六月廿五大暑

中共揭阳市委主管（主办） 揭阳日报社出版

国内统一刊号：CN44-0033 今日8版 总第10805期

纪念全民族抗战爆发85周年仪式在京举行

多措并举稳岗位 千方百计保就业

——2022年中国经济年中观察之就业篇

□新华社记者 姜琳 黄垚 李双溪

商务部多举措促进消费持续恢复

市委常委会召开会议

本报讯（记者 黄蕾 通讯员 古吉）

前5个月我国服务进出口总额同比增长22%

"稳"字当头 抓好"双统筹"

汕汕高铁惠来站工程建设战犹酣

郑俊彦 文/编

让更多的人喜欢潮剧

——记揭东区潮剧团团长陈希澄

□记者 黄小郑

普宁市流沙南街道后坛社区：

党建引领解锁社区治理"幸福密码"

党旗飘扬

□记者 何小妍

致力宣传推介"揭阳造"

——记揭阳市恒健五金塑胶有限公司董事长黄健威

一走到镜头前，黄健威立即就能够进入工作状态，拿起产品对着摄像头向顾客做介绍，俨然已经是一位网络带货高手。现在公司来了新产品，他都会上抖音直播做推广。黄健威是揭阳市恒健五金塑胶有限公司董事长。说到董事长职务，黄健威笑笑说，哪里是什么董事长，简直就是一个零售商店的店长。黄健威在日用品零售业的江湖中奋战了 20 多年，然而时代的变迁使他一度陷入困境，但他勇于开拓进取、乘风破浪、与时俱进、困境突围，最终重新走上正轨，赢得生活的又一片蓝天。

艰难困苦，成功创下夫妻店

黄健威与同龄人一样从"独木桥"上下来之后开始了自主谋生的道路。他进过电子厂，做过电子修理工，开过服装店、音像店、副食店，当过大型实业公司的地方业务员、政府部门的临时工，历经千辛万苦。一次次的失败，他没有气馁，而是屡败屡战，最终积累了成功的经验，于2003年底夫妻自主创业成立揭阳市榕城区恒健日塑商行，专营日用品，并获得了成功。

黄健威说，起步那个时候其实竞争是很激烈的，揭阳的塑料用品市场货物五光十色、品牌林立，他那时候都是后起，如何成"秀"都是在慢慢摸索。他立足于"致力为您推介、提供好用的、实用的产品！"的经营理念，尽心为客户寻找好产品，而赢得了客户的信赖。也因此，他萌发定制的想法。于是，他根据客户的需求做起了定制生意，并坚持以一流的品质和高格调的风格设计，得到了用户的一致认可，并创下"崇家"和"恒健家缘"两个品牌。他先后加工销售过生活厨房、不锈钢制品、塑料制品、竹木制品、陶瓷制品、卫浴、收纳用品、婴童用品、家居用品、晾晒用品、保温杯系列、清洁用品、一次性用品、玻璃制品、礼品定制等系列上万款产品。如今，这些产品畅销全国各省市。

辛勤守望，遭遇困境勇突围

黄健威自己在销售的过程中发现了揭阳本土的许多日用品牌塑料制品、锅具、茶具等，无论是做工还是质量都不差于珠三角等地区，又萌发了专门推广揭阳产品的念头。于是，2011年12月，他又成立揭阳市恒健五金塑胶有限公司，专门为"揭阳造"做宣传推介，包括揭阳的日杂文创产品。在一片叫好声中，事业蒸蒸日上。

然而，随着电商平台的发展，实体店受到了巨大的打击，同行业大多纷纷以倒闭收场。黄健威说，他有自己的品牌和客户的口碑，虽然受到影响，但还有撑下去的能力，于是一直在坚持。

2020 年的疫情，使黄健威的事业雪上加霜，长此下去，不变则死。从事销售行业经验丰富的黄健威明白其中的困境，他是看在眼里，急在心头，不能眼睁睁看着名优产品死在信息时代。2020年 7 月开始，这位商场老将以勇往直前的态势，亲自披挂上阵，开视频号，上抖音直播带货。他说没有一帆风顺的事业，遇到困境只有想办法突围，与时俱进。他的理想是将公司做成百年企业。他说企业不但需要产品品质，还需要精神品质，他将"健康自然！共赢共存！与时俱进！终身学习！"作为企业的价值观，如今他已用自己的努力使企业摆脱了困境。与此同时，三年来，他还不断努力，通过自己的推介推广，帮助受内外交困、经济下行的环境影响而陷入困境的企业，包括揭阳许多响当当的名优企业产品开拓市场。在推动自己的企业向前发展的同时，带动整个行业健康向上。

记者手记

自改革开放以来，揭阳人用自己的辛勤劳动创造了美好的生活，他们一步一个脚印，聚沙成塔，集腋成裘，从揭阳贩运土特产到外地信息再到回家自己创办实业，因而涌现了一大批优秀的民营企业。从最初揭阳糖果厂生产的纸包花生糖到今天的高端巧克力；从最初的塑料口壶、水瓢、脸盆等日用塑料制品发展到今天的高端塑料橱柜；从最初的塑料人字鞋到高端的出口沙滩鞋和皮革拖鞋；五金产品更是从螺丝钉到出口的高端工具，不锈钢茶炉具、压力锅、炒锅等厨房一应设备。总之，揭阳的工业产品覆盖面很广，每一个产业都有一两家叫得出口的龙头企业。

可惜的是，作为第一代洗脚上田的企业家，他们除了勤劳、努力、吃得起苦，似乎多数人没有多少文化，且并不具备长远发展的见识，因此，本身也并不重视文化。他们并不懂得文化是企业的灵魂，企业的远走最终需要文化的支撑，因而有相当比重的一部分在竞争的潮流中不懂得自我提升，停滞不前，遭遇淘汰。缺少文化内涵，就很难真正成为名优产品而勇立潮头，成为常青藤。而要成为"揭阳造"，必须有可以形成集群的名优产品。

揭阳有好产品，为什么缺少"揭阳造"？因为没有集群的名优产品。大概是环境或者地域的因素制约，基本都各自为政，好产品缺少宣传，更加缺少系统性的宣传。同行业拿得出手的企业拧不成绳，个体企业更加没有正确的认识，很多企业把宣传当成广告，这就是无文化的表现。除了企业本身的宣传，还需要营商环境，政府有计划的系列推介，但这一切似乎都远远不足。

揭陽日報

2022年5月 24 星期二
农历壬寅年四月廿四
五月初八芒种

中共揭阳市委主管、主办 揭阳日报社出版

第内连一日号·CNH-0033 今日8版 总第10980期

王伟中参加揭阳市代表团讨论省党代会报告

加快打造沿海经济带上的产业强市 努力在实现更高水平更高质量的区域协调发展中发挥更大作用

聚焦省第十三次党代会

我国明确乡村建设行动路线图

省第十三次党代会揭阳代表团讨论十二届省纪委工作报告

以高度政治自觉推进全面从严治党

我市文艺界举行纪念毛泽东同志在延安文艺座谈会上的讲话发表80周年座谈会

坚守初心牢记使命 为新时代谱写华章

以"三个最"为着力点优化政务服务环境

普宁市人民医院聚焦"三个最"推进高水平医院建设

为群众提供安全有效便捷医疗服务

□记者 高浩钦 黄燕丹 特约记者 罗狄雄

致力宣传推介"揭阳造"
——记揭阳市恒健五金塑胶有限公司董事长黄健威

□记者 蔡幸 潘彬彬

驻揭西县塔头镇帮扶队以新思路开展帮扶工作

结对帮扶显真情 助力乡村促振兴

□记者 张晓生 郑鹏奋

致力宣传推介"揭阳造"

——记揭阳市恒健五金塑胶有限公司董事长黄健威

□记者 许小鸣

一走到镜头前，黄健威立即就能够进入工作状态，拿起产品对着摄像头向顾客做介绍，俨然是一位网络带货高手，现在公司来了新产品，他都会上抖音直播做推广。黄健威是揭阳市恒健五金塑胶有限公司董事长，说到董事长职务，他笑着说，哪里是什么董事长，简直就是一个零售商店的店长。在日用品零售业奋战了20多年的黄健威，曾一度陷入困境，但他勇于开拓进取，乘风破浪，与时俱进，突破困境，重新走上正轨，赢得生活的又一片蓝天。

千辛万苦创下夫妻店

黄健威毕业后就开始了自主谋生的道路。他进过电子厂，做过电子修理工，开过服装店、音像店、副食店，当过大型实业公司的地方业务员。历经千辛万苦，一次次的失败没有使他气馁，而是屡败屡战，最终使他积累了经验，于2003年年底夫妻自主创业成立揭阳市榕城区恒健日塑商行，专营日用品，并获得成功。

黄健威说，起步那个时候其实竞争是很激烈的，揭阳的塑料用品市场品牌林立，他那时候是后起，如何成"秀"都是在慢慢摸索。他立足于"致力为您推介、提供好用的、实用的产品"的经营理念。由于尽心为客户寻找好产品而赢得了客户的信赖。也因此使他萌发定制的想法，于是他根据客户的需求做起了定制生意，并坚持以一流的品质和高格调的风格设计，得到了用户的一致认可，并创下"崇家"和"恒健家缘"两个品牌。他先后加工销售过厨房用品、不锈钢制品、塑料制品、竹木制品、陶瓷制品、卫浴、收纳、家居、晾晒、保温杯系列、清洁用品、一次性用品、玻璃制品、礼品定制等产品，销售上万款产品。如今这些产品畅销全国各省市。

辛勤守望遭遇困境勇突围

黄健威自己在销售的过程中发现，揭阳本土的许多日用塑料制品、锅具、茶具等，无论是做工还是质量都不差于珠三角等地区，▶下转第2版

公司产品

直播中的黄健威

退役未退报国志　创业扶助振乡村

——记揭阳市退役军人创业孵化基地负责人杨林沛

　　杨林沛是一名退役军人，也是目前揭阳市退役军人创业孵化基地、北京大学博雅粤东运营中心负责人。他以坚强的毅力历经重重困难之后，获得成功，以感同身受的情怀办起了互助退役军人创业孵化基地，用自己力所能及的力量帮助他人。

退役之后为生活奔波

　　杨林沛读完高中之后，响应国家号召应征入伍，1998 年 12 月入伍后进入武警茂名支队，2000 年 9 月调至武警揭阳支队，并于 2003 年在揭阳武警支队退役。

　　退役后的杨林沛带着军人的血气选择了自主创业，那时候的东莞在很多人眼里好像是遍地黄金，于是他选择到东莞创业。军营的单纯与社会的复杂对他产生了一次巨大的冲击，使他经历了人生一次难忘的转折。初进社会，没有资金，没有资源，没有经验，一切凭着在部队培养的精神和毅力，走过最吃力的一段路

程。杨林沛坦言："如果没有部队训练出来的韧性和刻苦精神支撑，很难走过那段岁月。"杨林沛从建筑工做起，不断地接受社会的再教育，到自己做起建材生意，资金一点点积累，生意一步步扩大，开拓建筑工程业务，同时从事进出口贸易，从东莞一直做到西安。当了老板之后，杨林沛开始寻找一切学习文化知识的机会，他参加了北京大学高级总裁研修班学习，认识了许多国内知名专家学者，自己也积累了经营管理的经验。

事业成功回馈社会

杨林沛在外漂泊了 10 多年，每年清明、春节回家的时候，都免不了要与揭阳的战友聚会。常常听到战友们聊起谁谁谁干得很差又借钱过年之类。他说："每次听到这些话，心里十分不是滋味，在座的人经济好的都会凑些钱给出去。而我一直在想，为什么都受过部队的正规训练，有着很好的素质基础、吃苦耐劳的精神，却混得这么差，不应该啊。"

杨林沛开始分析原因，他找出了症结，就是大多数人缺少文化知识和专业技术，所以就业范围十分有限，只能是干力气活。于是，他琢磨起再就业培训。2016 年，他在北京大学博雅产学研基地授权下，回到揭阳成立了北大博雅粤东运营中心，主要从事高级总裁研修班和高端人才培训，邀请国内知名专家学者授课，提升民营企业经营管理综合水平。

与此同时，在北大博雅粤东运营中心稳定之后，他把那些没有固定工作的退役军人组织起来，只要他们肯来学习，全部免费培训，并义务帮忙寻找用工单位，或者提供自主创业服务。退役军人再就业培训运转正常并起到作用之后，开始受到社会关注。2020年受市人社局委托，为中德生态城省市共建创业孵化基地运营服务；2021年又和市退役军人事务局携手成立揭阳市退役军人创业孵化基地，服务退役军人创业，帮助退役军人度过初进社会的迷茫期，累计服务达320人，成功协助创办企业11家。在各级领导关心指导下，孵化基地以创新融合的理念，助力科技型企业发展，同时引进农业科技项目，定期邀请专家教授实地指导，紧贴乡村振兴战略需求，为揭阳市的乡村振兴作出了力所能及的贡献。

培训现场

揭阳日报

2022 年 5 月 **17** 星期二
农历壬寅年四月十七
四月廿一小满

中共揭阳市委主管、主办 揭阳日报社出版　　国内统一刊号：CN44-0035　今日8版　总第10293期

中小企业纾困，帮扶再发力

□新华社记者 张辛欣

▶下转第 4 版

"如果没有他的保护支持，三坊七巷早已不在了"

习近平的文化精神

□新华社记者 党琦 许雪毅 包昱涵

▶下转第 4 版

国家统计局：

4月经济下行压力加大
长期向好基本面没有改变

据新华社客户端 北京电

全市科技创新大会召开

努力推动揭阳科技创新发展迈上新台阶

本报讯（记者 蔡晓纯 潘彬彬 吴冰 ……）

支光南主持召开市政府常务会议，强调

全面强化质量监管
筑牢质量安全防线

本报讯（记者 林春晓）……

揭阳电信全面落实"云改数转"战略

为我市发展提供数字动力和智慧支撑

推动高质量发展
创造高品质生活

□记者 杨桂青 通讯员 林祝君

深化落实"云网融合"，促进行业数字化转型

退役不退志，创业再发展
——记揭阳市退役军人创业孵化基地负责人杨林涛

□记者 蔡小玲

碧水映蓝天
古村添新韵

郑煜鑫 摄

奋斗者 劳动美 第六期

122

退役不退志，创业再发展

——记揭阳市退役军人创业孵化基地负责人杨林沛

□记者 许小鸣

杨林沛是一名退役军人，也是揭阳市退役军人创业孵化基地、北京大学博雅粤东运营中心负责人。他退役不退志，办起了互助退役军人的创业孵化基地，用自己力所能及的力量帮助他人。

杨林沛高中毕业后，响应国家号召应征入伍，于1998年12月进入武警茂名支队，2000年9月调至武警揭阳支队，并于2003年在揭阳武警支队退役。

退役后的杨林沛选择了自主创业，在东莞从事建筑工作。初进社会，杨林沛没有资金，没有资源，没有经验，一切凭着在部队培养的精神和毅力，走过人生最吃力的一段路程。杨林沛坦言："如果没有部队训练出来的韧性和刻苦精神支撑，很难走过那段岁月。"

经过多年在社会中摸爬滚打，杨林沛自己做起了建材生意，资金一点点积累，生意一步步扩大，开拓建筑工程业务，同时从事进出口贸易，生意规模越做越大。在事业逐步成形稳定的同时，杨林沛不忘坚持学习深造，他参加了许多研修班学习，不断积累了经营管理经验。

在得知许多战友因文化层次偏低、缺乏专业技术知识，就业范围十分有限时，杨林沛萌生了成立培训机构的念头。2016年，杨林沛在北京大学博雅产学研基地授权下，回到揭阳成立了北京大学博雅粤东运营中心，主要从事高级总裁研修班和高端人才培训，邀请国内知名专家学者授课，提升民营企业经营管理综合水平。与此同时，他将没有固定工作的退役军人组织起来，通过北大博雅粤东运营中心进行免费培训，并义务帮忙寻找用工单位或者提供自主创业服务。

在杨林沛的不断努力下，该中心发展规模逐步壮大并开始受到社会关注。2020年受市人力资源和社会保障局委托，为中德金属生态城省市共建创业孵化基地运营服务。2021年和市退役军人事务局携手成立揭阳市退役军人创业孵化基地，服务退役军人创业，帮助退役军人度过初进社会迷茫期，成功协助创办企业11家。

揭阳市退役军人创业孵化基地

不顾一切为建立品牌努力奋斗

——记发型师阿木

阿木的剪发独立操作间正对着店门，每次客人进店，阿木就抬头，微微一笑，点头以示招呼，然后就忙活自己手头的工作，直到为客人剪好头发才会走过来和新客人搭讪，问客人的需求。阿木是一名从业近 20 年的发型师，他起早摸黑，努力拼搏，为了建立一家自己理想中的发型店，历经三次创业、两次失败，举债 270 多万元建起第三间店，目前已进入良性循环的正常状态。

认真学习，勤奋敬业

阿木是一名新揭阳人。2003 年，只有 15 岁的阿木就离开了家乡，听说广东好，就来到广东，最后来到了揭阳，安定了下来。为了谋生养活自己，阿木选择学美发，这是门槛最低的就职行业。入职之后，阿木学得很认真，肯吃苦，也十分敬业。由于天生不爱说话，他除了认真钻研剪发技术，别的什么事情也不干。阿木说，一个人恰到好处的发型是需要发型师去认真研究来创造完成的。人家信任你，拿钱来剪发，你就要好好给人家服务，这是最起码的职业道德。因为手艺好，几年之后，阿木就成了揭阳市区某个连锁店的首席发型师，找他做头发都需要预约，他也着实厚厚地赚了一把。

为了理想，自己创业

阿木是一名有独特理念的年轻人，来揭阳近 20 年，除了认真研究美发技术，空闲时间就看书、喝茶、浏览新闻，不抽烟、不喝酒、不赌博，活成了业界的一个奇葩。阿木说，因为美发行业入职的门槛低，所以行业嘈杂，没有规则，还有各种陋习，他受不了，所以选择离开，自己去开店。他要按着自己的理念开一家美发店，由于客观因素，两次投资惨败，他背下了 270 多万元的债务，又开了一家新店。新店刚开张半个月就遇到市政工程封路，工程完成刚解封半个月，疫情就开始了。有人笑他瞎折腾，自己搞个工作室，他每年都能有 60 万元—80 万元的收入。但他说，人不能在 30 岁的年龄就活成 60 岁的样子，人活着必须做点什么。

别人开店都在沿街，阿木选择了二楼。430 平方米，消防系统全部配置齐全，并装修了独立操作间。阿木说："美发行业整体在大众心目中印象不是很好的，想要改变，必须要从我做起，用技术和环境让人重新认识这个行业。我把店装修成这样，是因为我觉得美发店应该这样，让顾客来剪发变成一种享受。"

独特的管理赢得顾客信赖

阿木还教育员工要懂得珍惜客人，有客人的时候要好好做，不然最后穷的是你。他给员工的奖励是去五星级酒店住一晚，感受别人的优质服务。阿木说，员工没有体验，没有见识过，你怎么教他都没有用，要让他们去体验才懂得什么样的服务才算好。

他的经营理念是，用技术征服顾客，用服务赢得客人的心。他要做到，客人即使没来消费了还会记得他。疫情三年，阿木降了二次价，2021 年从原来 128 元降到 98 元，今年又降到 78 元。即使降价，他也不亏损，270 万元债务剩下 20 多万元。阿木说，现在人人都不容易，降价之后，顾客反而增加，只是自己辛苦一点儿，多剪几个头而已。如今，阿木拥有 400 个左右的固定客户，45% 左右的顾客是在外地工作的揭阳人，每月来剪一次头发；还有 10 多个是跟了十几年的老顾客。他要用这种理念建设一间能够持续百年的品牌发型店，也希望能够影响带动行业风气，改变人们对发型师的俯视习惯，这是他的终极目标，他每天都在为这个梦想奋斗。他说，愿意用一辈子的坚持来奋斗，即使最后失败了也无怨无悔。

记者手记

阿木是 1987 年出生，湖北人，妈妈是工人，父亲是蔬菜批发商，在老家那座城市，他也算是一枚妥妥的富二代。但他并不喜欢父亲所营造的环境，父亲从事的职业及周围的朋友注定充满嘈杂、低俗与利益争夺，这使阿木十分厌恶。

父亲爱赌博，爷爷去世后，父亲更加无度，他从小便厌恶那种家庭氛围。为了摆脱那样的环境，2003 年，15 岁的阿木便离开家，那时他初中还没有毕业。阿木不是因为念不好书中途辍学，而是实在无法再忍受家庭氛围。按他的话说，他不是成绩不好，而是一刻也待不下去了。

阿木是一个独特的人，他对读书的理解是学习知识，学习知识在哪里都好学，不一定非要去学校读书。读完大学也是打工，他现在也是在打工。他选择美发，不是兴趣，而是为了谋生，入职没有门槛，只要你付出努力，就不会饿死。

入职之后，他发现这个行业的人普遍素质不高，恶习很多，抽烟、喝酒、赌博、泡妞，基本就是全部的业余时间。行业缺少规则，缺少诚信，他很失望，曾经离家出走就是为了躲避因为父亲的各种恶习带来的家庭氛围，现在又落入这样一个环境。于是，他除了研究发艺，什么也不做，什么也不玩，连话也少，就像一块木头，所以人家就叫他"阿木"。

阿木当初就是为了远离那样的环境，但还是没有能够脱离，他很闹心，但改变不了别人，那就只能改变自己。

为了摆脱这样的环境，阿木决定自己开店，只有自己开店，他才能按着自己的思路发展，创设一个他理想的理发店。他要改变人们对发型师的看法。他说，美发从业者大多素质低且不思进取，沾染恶习，行业没有原则，所以信誉不好。因此，顾客对整个行业的人有俯视感。之前，一个顾客态度很不好，他忍了两次，第三次就不给剪了。给她剪头发就弄糟自己的心情，他要用自己糟糕的心情去服务别的客人，是对别的客人的不尊重，阿木不愿意再接待。直到后来，一个熟客告诉阿木，那个客人说阿木没有和她聊天，所以才发脾气。

他说："美发是技术活，我用手艺为顾客服务是我的职责，我没有义务陪人家聊天。哪怕你每次来消费1000多元，我也不接待，因为影响到我的心情，也影响到其他人。如果要做一件事情，就一定要做好，所做的一切都是遵从自己的内心，如果不是内心需求的，再大的利益都不会去做。"

阿木自己的信条是，他和顾客是平等的，人一定要有原则，没有原则，一个店也就完了。阿木自己做了一个总结，快20年了，不泡妞，不赌博，不喝酒，成了行业的一个奇葩。他要先做好自己，然后再去改变行业的习惯。他要求店里的员工要学会控制自己的情绪，用良好的手艺和良好的情绪对待顾客，他要用力所能及的行动改变目前自己能触及的一些东西。他要用自己的坚持来使之形成一种文化，现在为了建立一家有自己品格的美发店，他要努力奋斗。他说等他有钱了，还要回老家去改变家族人世世代代的活法。

疫情对经济影响严重，同行业都涨价了，只有他选择降价。在做出降价决定的时候，店里的其他发型师表示反对，他并没有因此改变主意，而是说出不同意可以走人的话，不勉强，同意的就留下了。阿木认为，别人都不好，最终你肯定也不会独好，人人都遭遇困境，不只是自己的事情。现在，自己一个人养这家店也不成问题，就不用畏畏缩缩了。

阿木坚信，一家美发店要赢得人心除了技术手艺，还需要原则和信誉，才有可能持久。他管理美发店的模式是"贪心"，贪客人的心，贪员工的心。他去过国外学习，发现人家百年企业遍地，而我们没有，美发行业更加可笑，没有规则，也没有标准，乱七八糟，这跟从业者的素质有关。他想改变，他要建立起一种行业文化。他说一个企业没有文化支撑，即使成功也是短暂的，也守不住，自己已经做好奋斗一辈子的准备。

这几年疫情，业绩不会降，只是资本不会增长。他自己开个工作室一年 60 万元到 80 万元的收入，现在经营管理这么一个店，只能做到运营自如，没有亏本，但如果自己开工作室，就变成一个 60 多岁的老人了，没有意思。况且人活着不只是赚钱，还有别的事情要做，还有对社会的一种责任，他沿着这个方向发展，哪怕失败，也无所谓，只能说明自己能力有限，得失成败不能用金钱权势来衡量。明天预测不了，他只能做好今天。他一直把自己当成奴隶。他讨厌借钱，但投资亏本了不得不借，这么多年来活成自己最讨厌的人，但一切都是为了未来。

2016 年，他买了房子，本来已经准备结婚了，一场意外，亏本负债，婚没有结成，房子撂在那里。他讨厌童年的生活环境，所以想要创造一个好的环境，不想让自己的后代跟自己一样。如果无法确认能给后代一个幸福的生活环境，那就不结婚。所以他一定要做到强大，才能守住自己的一切。他对人生有一种很明确的规划，他认为人要做好一件事情要抛开很多东西。他最崇拜的人就是揭西种橄榄的温湘贤，其种橄榄的信念与坚持牢不可破，他要像温湘贤那样去经营自己的事业。

揭陽日報

2022年6月28日 星期二
农历壬寅年五月三十
六月相关九小道

中共揭阳市委主管、主办 揭阳日报社出版

国内统一刊号 CN44-XXXX 今日8版 总号12995期

习近平同圭亚那总统阿里
就中圭建交50周年互致贺电

新华社北京5月27日电 国家主席习近平6月27日同圭亚那总统阿里就中圭建交50周年互致贺电。

紫荆花开正烂漫 踔厉奋发启新程

——以习近平同志为核心的党中央关心香港发展纪实

【新华社记者】

（一）

“总书记对我们技术工人
有着特殊的关爱”

总书记同人民贴心

王胜支光南会见我市公安机关英模代表

坚持政治建警 坚持人民至上

本报讯【记者黄蕾涛通讯员】

广东石化两套千万吨常减压装置"联袂"中交

标志着世界级炼化一体化项目龙头装置全面进入开工准备阶段

本报讯【记者蔡烨煌 通讯员 黄卫宏 王超 摄影】

为梦想而努力 为人生而拼搏

——记发塑棒阿木

【记者 许小琼】

认真学习贯彻会议

我市组织收看疫情防控工作电视电话会议，并部署相关工作

压紧压实主体责任
毫不松懈抓好防控

本报讯【记者 潘彬】

科技赋能花木产业

为梦想而努力 为人生而拼搏

——记发型师阿木

□记者 许小鸣

阿木的剪发独立操作间正对着店门,每次客人进店,阿木就抬头,微微一笑,点点头打招呼,然后就自己忙活手头的工作,为客人剪好头发才过来搭讪,问客人的需求。阿木是一名从业近20年的发型师。他起早摸黑,为了有一家自己理想中的发型店,历经三次创业,屡次失败,举债270多万元建起第三间店,目前进入良性循环的正常状态了。

认真学习勤奋敬业

阿木2003年就离开了家乡,来到广东,最后来到揭阳安定了下来,成为一名新揭阳人。为了谋生养活自己,阿木选择了当发型师。入职之后,阿木学得很认真,很刻苦,潜心钻研剪发技术。阿木说,一个人恰到好处的发型是需要发型师去认真研究来设计完成的。几年之后,因为手艺好,阿木成了揭阳市区一家连锁店的首席发型师,找他做头发都是需要预约的。

阿木是一名有转机遇的年轻人,来揭阳打拼30年,一心认真研发美发技术。为了实现自己的理想,他开一家美发店,但由于客观因素他或了两次投资接收,背下了270多万元的债务。后来他又开了一家新

店,但新店刚开张半个月就遇到市政工程拆迁,工程完成将近半个月,疫情就开始。有人劝他结束转,在连锁美发店当过发型师能有稳定收入却心甘不愿、面对困境而坚持,他说人不活到三十岁的年数就已五六十岁的人活卷必须做点什么。▷下转第7页

▷下转第7页

阿木在工作

阿木在学习

阿木在用女模特发型为样指导学员

打造揭阳网络货运第一人

——记广东骏龙智慧物流科技有限公司总经理李荣安

李荣安是揭阳市骏龙货运有限公司总经理。2019 年，李荣安成立了广东骏龙智慧物流科技有限公司，出任总经理，并于 2020 年 11 月拿到了国家交通部颁发的《网络货运经营许可证》，成为潮汕首家获得网络货运经营许可的企业。李荣安是普宁南溪人，这个"80 后"年轻人刚刚满 40 岁，但涉足物流行业已经近 20 年。回顾自己近 20 年的从业经历，他笑称："一切都是摸着石头过河，没有人提供些什么经验，但运气还是很不错的。"2019 年，他获得揭阳市政府"年度优秀企业家"称号。

货运行业的后起之秀

李荣安的父亲很早就在做水果贩卖生意，把揭阳的水果收购后贩卖到江西、安徽等外省。做得最大的是香蕉，从埔田收购后集中到华清村 206 国道边囤货点，因此，就安家在华清村国道边。李荣安十几岁的时候就要帮助父亲打下手，每到收香蕉季节，他就要踩着自行车四处通知货车司机前来运货，长年累月与很多司机都熟悉起来。因此，有一些熟人需要运货，都找他帮忙联系货车，尽管那时他还只是一个初中生。

因为长期帮人联系车辆，熟门熟路，中学毕业后，李荣安就自己创业。2003 年，他自己开了一家货运站，手头没有车，只能是做些货运信息提供、物流咨询以及零担运需等业务，属于物流中介。2014 年，有了一定资金基础的李荣安创建了揭阳市骏龙货运有限公司，注册资金 1000 万元。李荣安通过 10 年的奋斗与业务拓展，已经与本地几家大型企业形成长期的合作关系，尤其快递行业崛起之后，他还与各大快递公司成为战略合作伙伴，高峰期他自己就拥有五六十台车在运转。

致力升级转型，为家乡发展做贡献

2019 年，国家号召有能力的物流企业转型升级。作为在本地实力比较雄厚的企业，李荣安凭着自己的一股冲劲最先响应了国家的号召，主动申报了"网络货运"申请，并召集几位同行，以注册资金 5000 万元成立了广东骏龙智慧物流科技有限公司，自己出任总经理。为了适应公司的发展，他在公司成立了技术部，招聘了一批技术人才，自己研发一套针对潮汕地区发往各地的物流系统，系统运行之后，车主与货主可以在网络平台上对接，进行业务交接，完成货物运输，使货主与车主都可以在最短的时间与最短的距离内找到对接，可以避免资源浪费，为双方都提供了很大的便利。2020 年 11 月，李荣安拿到了网络货运经营许可证，使广东骏龙智慧物流科技有限公司步入信息化网络货运行业，并成为潮汕首家拥有国家交通部颁发的"网络货运"牌照企业。2021 年，揭阳市粤东新城招商引资，广东骏龙智慧物流科技有限公司成为第一期招商落户粤东新城开工项目的公司。

李荣安的揭阳骏龙货运有限公司年纳税 250 万元左右，广东骏龙智慧物流科技有限公司去年纳税 300 多万元，今年一季度就 600 多万元。2020 年疫情伊始，他通过自己的物流购得 5 升量的消毒液 2 万桶，捐赠给揭阳市抗疫。近年来，油价上涨、疫情防控成为物流行业的寒冬，与客户有固定的合同，车不能不走，一台车进入防控区，人就带星，之后一切费用都要自理，一直亏本。除了坚持与盼望好转，别无他法。

自从拿到网络货运经营许可证后，安徽和江西两地政府纷纷上门招商，并开出很诱人的条件，但李荣安都没有动心。他说："揭阳人去为异地创税收，自己有点于心不忍，或者这就是乡情吧。"多年的奋斗，他成为青年中的佼佼者，2018 年成为揭阳市新的社会阶层人士联合会理事，同年当选揭阳市物流协会副会长，并于 2019 年 11 月 28 日代表揭阳市物流协会参加第二届粤港澳大湾区物流产业联盟年会。

记者手记

采访了李荣安，这才了解到关于物流的一些知识。

物流（logistics）的概念最早是在美国形成的，起源于 20 世纪 30 年代，原意为"实物分配"或"货物配送"。1963 年被引入日本，日文意思是"物的流通"。20 世纪 70 年代后，"物流"一词逐渐取代了"物的流通"。

物流是供应链的一部分，是以仓储为中心，促进生产与市场保持同步。为满足客户需要，通过运输、保管、配送等方式，实现原材料、半成品、成品及相关信息由产地到消费地的高效、低成本流动和储存所进行的规划、实施和管理的全过程。

中国的"物流"一词是从日文资料引进来的外来词，源于日文资料中对"logistics"一词的翻译"物流"。物流由商品的运输、配送、仓储、包装、搬运装卸、流通加工，以及相关的物流信息等环节构成。

物流活动的具体内容包括以下几个方面：用户服务、需求预测、订单处理、配送、存货控制、运输、仓库管理、工厂和仓库的布局与选址、搬运装卸、采购、包装、情报信息等。

在我们的日常生活中，很多人一听说物流，马上就会联想到快递，其实快递与物流是有区别的。一是服务不同：物流不支持上门取件，需要用户送到物流点，而快递可上门取货送货。二是费用不同：物流一般是按照重量和体积计算来收费的，而快递是按照重量来计算的。三是运输模式不同：物流的运输时间一般不固定，一般是等货装满了才会发车，而快递一般是按时按点，每天固定几班车，然后要扫描、派件、签收、跟踪等。

快递又称速递或快运，是指物流企业通过自身的独立网络或以联营合作的方式，将用户委托的文件或包裹，快捷而安全地从发件人送达收件人的"门到门"的新型运输方式。

从服务对象来看，物流和快递的区别也比较明显，物流服务的对象主要以工厂、商贸企业为主，快递服务对象主要以个人为主，比如网络购物。从速度和时效来看，物流实际会比快递慢很多，而且快递公司主要运送文件或个人物品等小批量包裹，但物流基本上都是大型货物，所以平时说的"走物流"就是这意思。在价格和费用上，物流和快递的区别更显著。快递的单位价格一般比物流高，适用于文件类的包裹，或是小件货物、少量货物。但如果货物量比较大的话，人们就会选择走物流，找物流公司，这样价格也会比较划算。这些问题，很多人都还不知道！

一句话说，物流是货物流通的一整个体系，快递是一种快捷的运输方式。

公司门前的李荣安

揭陽日報

"把老祖宗留下来的'桃花源'保护好、传下去"

习近平同德国总理朔尔茨举行视频会晤

坚决贯彻落实"动态清零"总方针

健全完善应急预案 落实落细防汛措施

抓实抓细疫情防控各项工作 持续巩固来之不易的防控成果

高效便民,优化教育政务环境

打造揭阳网络货运第一人

夯实基础优环境 谋划发展促振兴

以青春之我,贡献伟大时代

打造揭阳网络货运第一人

——记广东骏龙智慧物流科技有限公司总经理李荣安

□记者 许小鸣

李荣安,普宁市南溪人,2019年,成立了广东骏龙智慧物流科技有限公司,出任总经理,并于2020年11月拿到了交通运输部颁发的《网络货运经营许可证》,成为潮汕地区首家获得网络货运经营许可的企业。不管之前的事业有怎么样的经历,他突然一切都是随着自己对物流行业的爱,回顾自己的从业经历,他突然一切都是随着自己对物流行业的爱。

李荣安说的这条从业事业来就发生意,把水果收购的眼光放到江西,安徽等地。初中时代的李荣安便开始帮助父亲打下手,每天奶茶装蕉等忙,做随着自行车四处通知货车司机的奔波运输,长年累月与司机打交道。因此有人人需要信息,都找李荣安帮忙就务生存。

因为长期卯人跟车系辈,熟门熟路,中学毕业后,李荣安就自己的活动。2005年他自己开了货运站,手头没有车,他只能靠些物流信息提供,物流沟通以及承担运需等业务,属于物流中介。2014年,有了一定资金基础的李荣安创建了揭阳市骏龙货运有限公司,注册资金1600万元。李荣安通过多年的奋斗与业务拓展,已经与本地几家大型企业形成长期的合作关系,尤其是较快递行业相起之后,他与各大快递企业建立的深厚合作伙伴关系,公司发展规模逐渐壮大。

2019年,作为在本地实力壮大雄厚的企业,李荣安凭借自己的一段冲动念头向本地注册申报了"网络货运"申请,并联合几位同行,以注册资金5000万元成立了广东骏龙智慧物流科技有限公司,自己出任总经理。

为了适应公司的发展,李荣安在公司成立了技术组,招聘了一批技术人才,自己研发一套针对揭阳地区发生各地的物流系统,系统运行之后,车主与货主可以在网络平台上对接,进行业务交接,完成货物运输,使货主与车主都可以在最短的时间与最近的距离内找到对接,避免资源浪费,为双方提供便利。2020年11月,李荣安拿到了网络货运经营许可证,使广东骏龙智慧物流科技有限公司成为潮汕地区首家获得交通运输部颁发的"网络货运"国家级牌照企业。

凭借着这份许可,使李荣安成为青年者的佼佼者,2018年成为揭阳市新的社会阶层人士联合会理事,同年当选揭阳市物流协会副会长。

一甲子立定科技兴农　六十年喜看硕果累累

——记普宁市农业科学研究所冯顺洪

普宁市农业科学研究所立足科研振兴农业的本职，现有干部职工 13 人，其中高级职称 1 名、中级职称 1 名、初级职称 8 名。该所农科人员积极奋斗、辛勤劳作，60 多年来根据社会发展的需求，致力于培育发展番薯良种，取得了累累硕果，有 9 个品种获得国家认证，个个都是农民热捧的优良品种，成为粮食中的主角、餐桌上的珍品。特别是最近的"普薯 32 号"（俗名"西瓜红"），因为走上了省第十三次党代会上的餐桌而一炮打响，远近闻名，成为该所的招牌品种。

科技兴农助力生产

普宁市农业科学研究所自 1958 年成立以来，以科技兴农为目标，干部职工勤勤恳恳，积极奋斗在科研第一线。据该所副所长冯顺洪介绍，该所已经有 9 个品种获得省农作物品种审定和国家非主要农作物品种登记。63 年来，该所根据时代需要培育出大量优良番薯品种。在 20 世纪 60 年代粮食缺乏的时候，为了追求高产，弥补粮食的短缺，该所研究出"普薯 6 号""普薯 8 号"，由于产量高有效补充了口粮所需，能暂时解决粮食短缺问题。冯顺洪说，随着时代的发展，人民生活水平提高，该所与时俱进，品种培育从追求产量到追求质量转变，其中"普薯 23 号""普薯 24 号""普薯 32 号"都属于国家非主要农作物品种。

冯顺洪是普宁市农业科学研究所的科研带头人，也是"普薯 32 号"的主导者。他毕业于潮州农业学校农学专业，1996 年 12 月分配到普宁市农科所工作；2010 年 2 月通过脱产函授本科毕业于华南农业大学生物技术专业，成为一名高级农艺师。据他介绍，每培育一个新品种需要 4 年时间。在这段时间里，每个工作人员都要到田间地头劳作守望。因为收获一粒种子不容易，所以在种子育苗时，为了保证种子的成活率，至今仍然采用指甲钳破种子外壳角质的人工操作方式。品种形成之后，还要不断在各地试验，获得成功之后，才能推上市场，一般一个周期需要 10 年。

良种"西瓜红"红遍全国

冯顺洪介绍说，"普薯 32 号"是普宁市农业科学研究所培育的优质高胡萝卜素甘薯品种，因为红色的肉酷似西瓜，所以在民间被称为"西瓜红"。"普薯 32 号"是 2002 年开始培育研究的，在全省 10 个地市试验推广后，于 2012 年 6 月成功通过省农作物品种审定。2013 年再次在海南、新疆、西藏等省份推广试验，"普薯 32 号"在这些暴热、严寒地区没有水土不服，产量稳定，品质也稳定，因而获得成功。

2020 年 6 月，"普薯 32 号"通过国家非主要农作物品种登记，2021 年 5 月被列为省农业主导品种。在国家甘薯产业技术体系、省甘薯马铃薯产业技术体系及省科技计划项目支持下，集成高效配套技术并在甘薯产业化上推广应用，一出道就因为极佳的食用品质受到央视 17 套农业农村频道的关注，在栏目《谁知盘中餐》和《三农群英会》中，以《红薯界的"小甜甜"》和《跨界种红薯》节目亮相。今年 5 月，冯顺洪获得广东"最美科技工作者"称号。他介绍，"普薯 32 号"亩产在 5200 斤以上，经济价值很高。但一个优良品种 5—10 年后就会老化，不耐虫害，或者品质发生变异，就可能被淘汰，所以良种番薯的培育研究永远在路上。

记者手记

采访了普宁市农业科学研究所，才真正感受到"谁知盘中餐，粒粒皆辛苦"的真正含义，一个优质的番薯品种要耗费科研人员的无数心血和汗水。每年大约收到 1 万粒种子，但不是粒粒都可以用的，其中还有有缺陷的、生瓤的、无产量的、不耐寒的、不耐热的、不耐旱的，要一遍一遍地淘汰提纯。

以前的番薯是蔓藤型攀生，每到结薯时节，就要拔藤，不然会影响产量，农民嫌麻烦。20 世纪 90 年代开始，农科所就培育出半直立藤蔓品种，藤类似于空心菜。一个优良品种是经过农科人员千辛万苦的劳动培育出来的。比如"西瓜红"，是由普薯和徐薯杂交出来的。先育种，种子人工破壳后用温水浸泡发芽，现在很多地方破壳都采用稀释硫酸水浸泡，但种子的外壳厚薄不一，那样会使薄壳的种子受损坏，所以普宁农科所仍然采用人工破壳。开花的时候，如遇没有风和蜜蜂的季节则需要人工授粉，功课很多，从早忙到晚。番薯成株之后，要一遍一遍筛选。生薯的时候，要断开看看薯肉是否含有白色汁液，如果有，说明这个植株生出的薯有沙松软糯的品质，就可以留籽了。之后再看看产量，一次次比对、标记，在好吃的基础上把产量提高。个子好看的薯种留籽继续培育，直到产量、口感、相貌都可以了就确定下来。

产量高的番薯一般都不是太好吃的，最典型的是 20 世纪六七十年代，为了追求产量，农科所曾经培育出了"普薯 8 号"，这个品种产量很高，但很难吃，民间称之为"猪母勿""猪倒退"，意为连猪都不吃。"西瓜红"就不一样了，是应今天人们的生活要求而培育出来的，现在已经成为经济作物。采访当天，湛江的"普薯 8 号"种植基地正在大面积收割，那边传来的视频说上车价每斤 1.9 元，亩产在 5200 斤以上，经济价值很高。

"普薯 32 号"好种、好看、好吃、好卖、好评，自出品以来一直受到农民的欢迎，也受到消费者的信赖与热捧。今年，冯顺洪作为省党代表出席党代会，意外发现餐桌上的番薯就是自己研究培育的"普薯 32 号"，之后消息不胫而走，一下子受到媒体和社会的高度关注。

揭陽日報

《习近平经济思想学习纲要》出版发行

2022年6月 21 星期二 农历

习近平回信勉励陆军步兵学院 2022 届全体学员

坚定信念 脚踏实地 拼搏奋斗
为强军事业贡献力量

市委市政府召开专题工作会议

"稳"字当头抓好"双统筹"

胸怀天下谋大同
——习近平主席倡导的全球治理观深刻启迪世界

"越来越多香港青年
融入大湾区奋斗逐梦"

彰显创建特色 提升圩镇风貌

圩镇建设助推乡村蝶变

助力企业纾困解难

植根沃土 辛勤耕耘
——记普宁市农科所

植根沃土 辛勤耕耘
——记普宁市农科所

□记者 许小鸣

2021年12月，广东省农业农村厅公布2020年度广东省农业推广奖获奖名单，其中，普宁市农科所研究优质高糖甘薯品种普薯32号的选育及其配套技术的"业化应用"项目获广东省农业技术推广一等奖。这是该所根植沃土，潜心培育番薯良种，结出累累硕果的一个缩影。

多年来，普宁市农科所根植社会发展的需求，致力培育番薯良种，先后有多个品种取得国家认证，深受农民欢迎，成为粮食的主角，餐桌的佳品。

科技兴农助力生产

普宁市农科所自1958年成立以来，就以科技兴农为目标，充分发挥科技优势，突出科技创新，不断提升番薯育种研究水平，为助推普宁市农业高质量发展挥了应有作用。围绕所历代科研攻关，该所已经有9个品种获得省农作物品种审定或被审定主要农作物品种登记。60多年来，该所接棒对状态量发展培育出大量优良番薯品种。在上世纪60年代，为了追求高产、弥补粮食的短缺，该所研究出"普薯6号""普薯8号"。随着时代的发展，人们生活水平提高，该所与时俱进，品种培育从追求产量向追求质量转变。其中"普薯23号""普薯24号""普薯32号"都属于国家主要农作物的登记。

召開洪是普宁市农科所的科研排头人、高级农艺师。据他介绍，培育一个新品种，需要4年时间，在这段时间里，每个工作人员都要到田间地头劳作守望。因为收成一颗种子不容易，所以在种子育苗时，为了保证种子的成活率，至今该所仍然采用指甲钳碰种子外壳、角隙的人工操作形式。品种形成之后还要不断在各地试验，获得成功之后才能推上市场，一般一个周期需要 10 年。

良种"西瓜红"走红全国

在日前举行的广东省第十三次党代会期间，来自揭阳的党代表发现，自助套餐桌上一道姚姚的紫红的"西瓜红"让他喜爱，它就是"普薯32号"。

"普薯32号"既是揭阳代表们亲切的"家乡味道"，也是普宁市农科所推广良种精神，带动广大农民走上致富康庄道路的具体体现。

►下转第 2 版

工作中的冯顺洪

业务多面手，公益乐奉献

——记中国农业银行揭阳城区梅云支行客户经理石曼纯

石曼纯是中国农业银行揭阳城区梅云支行客户经理。她 2014 年毕业于广东金融学院，同年 7 月入职农行，在佛山工作。2017 年 2 月从佛山调入揭阳分行，并进入揭阳城区梅云支行。她工作勤勤恳恳、任劳任怨，用一双勤巧的小手创造出人生的大世界，尽显劳动者的风采。

石曼纯勤奋好学，不断提升自己的业务水平，先后获得保险销售从业人员执业证、证券投资基金从业证、个人理财资格证及信贷、投行、国际业务等多岗位资格。说到石曼纯，梅云支行黄跃东行长赞不绝口，他说："梅云支行在城区来说，地处偏僻，没人有兴趣来，曼纯来了之后任劳任怨，银行所有工种都干遍了，成为一个精通业务的多面手，同事们都称赞她，客户更是对她赞不绝口。"

无论干什么工种，石曼纯都以高度的责任心和事业心认真履行岗位职责。2020 年，石曼纯在日常机器巡检中，意外发现大额存款机上遗落一扎人民币。她立即调取监控，从上午开门营业翻看一直到找到失主，并查找失主联系方式，通知失主郑女士前来取回失款。郑女士感动得送上一面锦旗道谢，其实她一开始并不知道自己遗落了钱。从事客户经理之后，每有客户咨询，或是网银无法操作等技术故障，或是对某个项目不清楚，无论是节假日或者白天还是夜晚，石曼纯都会上门提供帮助。她想客户所想，时刻以客户至上的理念为客户提供技术支撑，通过外汇利率的波动规律替企业规避风险，因此赢得客户的赞誉。

石曼纯用行动树立了行业与个人品牌。受新冠肺炎疫情的影响，客户到场率直线下降，但石曼纯以优质的服务赢得客户的信赖，为所在网点维系老客户共计 2046 位；2020 年销售基金近 3000 万元，个人基金销售业绩在分行排名第一；2021 年通过线上销售理财产品累计超 2 亿元，多次获得分行营销奖励。在全省大力推广社保卡和电子医保凭证期间，石曼纯积极响应上级银行的工作部署，认真为附近居民做好社保卡和电子医保凭证领取和激活工作。她还坚持外出下乡到各个经联社，进村入户为村居群众做好社保卡和电子医保凭证领取和激活工作，大大方便了乡村群众，个人累计激活医疗电子凭证 1227 户，在揭阳分行排名第二，受到村委、村干部的广泛认可和广大群众的好评。

在工作中，石曼纯以刻苦耐劳练就过硬专业技能。2018 年，她成功通过 AFP 资格认证。2019 年，广东省农行授权成立石曼纯理财工作室（揭阳市首批个人品牌工作室）。2022 年，她成功获得国际金融理财师（CFP）资格认证，有力夯实金融财会知识，以更丰富专业的理财知识储备为不同的客户量身定制个性化的资产配置计划。2018 年，她代表城区支行参加分行"创新·转型"青年论坛活动，获得一等奖的好成绩；2019 年荣获分行年度春天行动"机构业务营销能手"一等奖和分行爱心扶贫卡营销青年突击队小组一等奖；2022年还在揭阳农行点钞技能竞赛中，荣获多指多张、单指单张和机器点钞三项第一，并因此获得个人综合项目第一名。

石曼纯还热心公益，经常利用节假日积极参加各种送金融下乡等公益活动。2017年，她参加了农行与桂岭镇妇联共同举办的"爱的传递：小积分·大梦想"公益活动，担任桂岭镇健豪小学金融小讲师，教学生们如何识别真假币；2019年参加慰问孤寡老人公益活动，并再次担任揭东区月南小学金融小课堂讲师，给小朋友们讲授金融知识，教他们如何预防新型电信诈骗，为服务社会作出自己力所能及的贡献。

争当业务多面手
热心公益乐奉献
——记中国农业银行揭阳城区梅云支行客户经理石曼纯

□记者 许小鸣

石曼纯是中国农业银行揭阳城区梅云支行客户经理。2014年毕业于广东金融学院，同年7月入职农行佛山分行，2017年2月从农行佛山分行调入农行揭阳分行，并到揭阳城区梅云支行工作。她工作勤勤恳恳，任劳任怨，彰显劳动者的风采。

石曼纯勤奋好学，不断提升自己的业务水平，先后获得保险销售从业人员执业证、证券投资基金从业证、个人理财资格证及信贷、投行、国际业务等多岗位资格。说到石曼纯，梅云支行行长黄跃东赞不绝口，他说："曼纯来到梅云支行之后任劳任怨，银行所有工种都干遍了，成为一个精通业务的多面手，同事们都称赞她，客户更是对她赞不绝口。"

石曼纯无论干什么工种，都以高度的责任心和事业心认真履行岗位职责。2020年，石曼纯在日常机器巡检中，意外发现大额存款机上遗落一扎人民币。她立即调取监控，仔细翻看并找到失主，通知失主郑女士前来取回失款。郑女士深受感动，特意送锦旗表示感谢。成为

客户经理之后，每有客户咨询，或是网银无法操作等技术故障，或是对某个项目不清楚，无论节假日，无论白天还是夜晚，石曼纯都会上门提供帮助。

暖心服务树品牌。受新冠疫情的影响，客户到场率下降，但石曼纯以优质的服务赢得客户的信赖，为所在网点共计维系老客户2046位；2020年销售基金近3000万元，个人基金销售业绩在分行排名第一；2021年通过线上销售理财产品累计超2亿元，多次获得分行营销奖励。在全省大力推广社保卡和电子医保凭证期间，石曼纯积极落实上级银行的工作部署，▶下转第7版

147

揭陽日報

2022年8月 **18** 星期四
农历壬寅年七月廿一
七月廿六结录

中共揭阳市委主管、主办 揭阳日报社出版
国内统一刊号CN44-0033 今日8版 总第10846期

李克强在广东考察时强调

在改革开放上勇于探索
为稳经济促发展注入新动力

新华社深圳8月17日电 8月16日至17日，中共中央政治局常委、国务院总理李克强在广东考察...

▶下转第2版

开辟百年大党自我革命新境界
——新时代坚持全面从严治党述评

▶下转第3版

国务院办公厅印发意见

进一步规范行政裁量权
基准制定和管理工作

新华社北京8月17日电 近日，国务院办公厅印发《关于进一步规范行政裁量权基准制定和管理工作的意见》...

国家电投揭阳神泉二
海上风电项目加快建设

"电能心脏"精准吊装就位

推动高质量发展
创造高品质生活

普宁网友发文向医护人员、志愿者致谢

疫情虽阻隔距离，
却让心拉得更近了！

记者探访2022南国书香节揭阳分会场布展情况
各项筹备工作正紧锣密鼓推进

文明揭阳

争当业务多面手
热心公益乐奉献
——记中国农业银行揭阳城区海云支行客户经理石曼纯

奋斗者劳动美

揭阳新闻网网址：www.gynews.net

工作中的石曼纯

春雨无声　润物有色

——记榕城区溪南街道溪南小学顶乡分校教师郑韩芝

　　郑韩芝是榕城区溪南街道溪南小学顶乡分校教师，2000 年揭阳师范学校毕业后，分配到溪南小学工作一直到今天。她 22 年如一日战斗在乡村小学的课堂上，成为撑起了民族基础教育大厦的一分子。

服从分配，任劳任怨

　　2008 年秋季开学前夕，校长找她谈话，动员她到顶乡分校任教。顶乡分校环境较差，学生的基础薄弱，青年老师都不愿意去，听说分配到那里，有的立即掉眼泪，不肯上班的情况也有，很多都找关系走人了。但郑韩芝来了，并认真地工作。

　　第一个年头，郑韩芝负责分校一年级、四年级的数学课。为提高学生数学水平，每天放学后都辅导学生，经常是街灯通明她才在回家的路上，周末还自觉无偿对相关学生进行拔尖训练。2008 年秋季，区举行四年级数学拔尖竞赛，她的班级有 30 多名学生参赛，在和总校的 200 名学生一起经过两轮校内筛选竞赛后，有 4 名学生入选区赛，并有 3 名学生获奖，分别是陈润斌、陈晓欢获得一等奖，陈琳获得三等奖，而全区共有 30 名学生获奖。

主动承担，无怨无悔

2019 年，和她合过班的老师因为家有老人住院，白天学校晚上医院，而这个班级的学生调皮捣蛋不省心，还有一个特殊学生经常在课堂犯病，身心俱疲的班主任开车时摔倒在去学校的路上。学校为代班主任的事犯愁，郑韩芝得知后主动向学校申请任代班主任。没想到 2020 年新年暴发了疫情，全国中小学开启线上教学。每天都要提前备好课，录制好视频，有的要录好几次才成功；每日在微信群摸排学生情况，上报学校，还要各种温馨提示，宣传防疫知识，一切都是新的，忙碌，还要按部就班。农村学校有家长不理解，还要耐心沟通，努力提高学生的线上参学率。郑韩芝说："一个字'累'，但累成了风箱的老鼠。"

恢复线下教育后，郑韩芝又忙着争取时间为孩子们补课。那位特殊学生的家长也提出了种种特殊要求，郑韩芝都一一照办。有人感叹，要是郑韩芝不主动提出任代班主任就没事了。让郑韩芝唯一感到安慰的是，接手的这个班到期末成绩平均分提高了 7 分多，一跃为全校第一名（和总校的三个班一起，共 4 个班）。因为成绩好，学校第二年又安排她跟上了三年级。在三年级这一年的数学全区统考中，班里陈哲宇同学又取得了全区第一名的好成绩。

施教有方，深受赞扬

2021 年，郑韩芝被派到地都镇南陇中心小学支教。她每天都要跑 60 公里的路程，起早贪黑，年度考核又获得了优秀。合班的老师这样评价她："郑老师性格温和，情感细腻，关注情感、态度、价值观，注重学法指导，培养思考能力，领悟数学思维方法。学生参与度高，很好地达成了教学目标。"

采访的时候，她刚刚开完地都镇教育组在南陇中心小学举办的数学公开课。主持的领导这样评价："师生共同构建了精彩灵动的生命课堂。"听说要采访，她发出腼腆的笑声，说："作为一个小学老师，做的都是些鸡毛蒜皮的小事，繁杂琐碎，又做不出惊天动地的事业，没有什么可以说道的。"是的，小学教师就像大自然的小草，没有参天大树的卓越，但如果没有他们，又何来春天生机勃发的魅力景象呢？

记者手记

今年是全国"双减"第一年，"双减"下的乡村老师工作比较辛苦，"5+2"课后服务活动，基本每天都是早出晚归。小学低年级的老师普遍任务比较繁重。每个星期连同"5+2"的 4 节课，一共每周上 21.5 节课。功课的密度特别强，上完课就做班主任的工作，基本上每天定时工作状态是，7：45 左右到学校，教室巡视一圈准备当天的工作；7：50 学生们陆续到学校，老师要指导学生做好轮值工作，因为低年级很多小朋友不能自理，每天老师都要跟紧他们，随时做好指导。低年级的老师要学会"哄学生"，学生情感上依附了老师，才会听老师的话，在教育学上谓之"亲其师乐其道"。一名优秀的老师应该是要懂得这些教育方法的。就像郑韩芝那样，在班主任的工作中，见缝插针教导学生遵规守矩，设置"学雷锋"活动、班级文化活动，开展主题班会进行安全教育和纪律教育，定期开展班干部会议和班干部实践活动，用和风细雨润心田的方法方式，才能使学生学习知识的同时学习人生规矩。一句话说，就是低年级的老师需要有爱心，没有爱心就教不好学生。

像郑韩芝这样的情况，因为离家30公里远，一般7点钟就从家里出发，教的是二年级，学生比较小，很多学生不能处理的，所以都要亲力亲为。有一次，刚好地都镇教育组长郑组长来学校做防疫的工作检查，看到郑韩芝8点不到就在操场上指导班里同学搞卫生，给予了很高的赞赏，离家这么远，不到8点就到位工作，一个劲地说："真早！真早！"

晚上，如果上完第7节课回家，一般要傍晚5点以后才能从学校出发。经常会碰到下班的高峰期，在路上堵车，回到家的时候，天已经黑了。一般是6点多回到家，真的是特别累，但是回想这一天的工作，其实收获还是蛮多的，也是很充实。这一年的努力还是有收获的，其中一个学生上学期刚接手的时候，家长说很头疼，孩子对数学这一科不感兴趣，成绩一般，经过郑韩芝一年的鼓励和指引（及时发现他的闪光处，给予表扬，引导他为班集体做贡献，用心看到学习上的一点一滴进步），如今学生家长反馈说，孩子现在最喜欢的就是数学，每天都要自觉先去做数学练习，学习很自主，数学成绩也进步很快，跻身于尖子生中。

看到学生们一点一滴的进步，郑韩芝感到很欣慰，努力付出浇灌心灵的花朵，找到了自己劳动的价值。

春雨无声 润物有色
——记榕城区溪南街道溪南小学顶乡分校教师郑韩芝

□记者 许小鸣

郑韩芝是榕城区溪南街道溪南小学顶乡分校教师，2000年师范毕业，在溪南小学任教至今，22年如一日奋斗在乡村小学的课堂里。

服从分配，任劳任怨

2008年秋季开学伊始，溪南小学校长兼原领导班子联谈，动员她到顶乡分校任教。顶乡分校坏境较差，学生的基础薄弱，她随二话没说便到顶乡分校，并认真地工作。

第一个年头，郑韩芝担任分校一年级，四年级的数学课教师。为提高学生学业水平，她每天利用课余时间辅导学生，并针对班级学生进行提优补差。一分耕耘一分收获。2008年，汉及四年级

数学接尖竞赛举行，她的班级有30多名学生和总校的200多学生一起经过两轮校内强选查赛后，有4名学生入选汉及校内强选赛，其中1名学生获得一等奖，1名学生获得三等奖。

主动承担，无怨无悔

2019年，和她合过班的老师因突有老人住院，自天学校上课晚上跟踪服护。班级顿班主任的岗位摆在郑韩芝的面前，这是身心俱疲的教师群须在学校的教育上需要勇担。学校只能主任的事犯烦。她毫不犹豫知担主动每学校申请顶任班主任。

在新冠疫情免疫生日后，我市中小学开启线上教学，真是对郑韩芝的挑战。她每天都要细备好课，录制好视频，有的

要复习几次才成功。每天在微信群做操学情情况，汇报学习、汇理学校、汇理学生家长联学情、督导查及家长定时接送孩子，有时冀长不在线，需及时沟通。郑韩芝又要备分批审核所有孩子的作业，既然需要，但却随需空党那非常情节、相手的这个班到期末总评平均分度高了7.5分，一跃成为全校同年级第一名。

▶下转第3版

郑韩芝与学生们

郑韩芝与学生们

美了别人　悦了自己

——记服装定制师汤宛晓

　　走进汤宛晓的服装店，你会看到各式各样已经完工的衣服挂满货架，每天顾客盈门，不是来定制衣服的就是来修改衣服的。汤宛晓是一名"70后"服装定制设计师，15岁开始跟着乡村的裁缝师学习裁缝，20岁自己创业。20多年来，她热爱服装设计事业，以精益求精的精神，在实践与不断学习新技术中获得进步，成为一名能工巧匠。美了别人形象，悦了自己心情。

　　汤宛晓是揭东区新亨镇人，从小喜欢服装设计。初中毕业后，她就到乡村裁缝师那里学习。后来，她感觉乡村裁缝师传授的手艺太老土，就四处打听哪里有开设服装设计培训班。知道捷和工业中学有开设服装设计班，汤宛晓毫不犹豫地报名参加学习，因为她已经有几年的乡村拜师学艺基础，只参加了短期培训。

　　培训结束，汤宛晓用母亲的陪嫁家当——一台已经很老的缝纫机和一台在二手市场购买来的旧三线缝衣机，开起了服装定制加工店。这一年是1998年，正值牛仔服流行，汤宛晓自己制作了

157

一批牛仔服放在店里售卖，很快就被抢购一空。为了降低成本，她跑到渔湖布碎市场挑选那些从外贸服装厂拉出来的剩料，因为是剩料，做一件衣服有时候没有完整的一幅布料，需要拼接。解决拼接痕迹的最好办法是在拼接处起一个图案或一条镶边，把缺点隐藏起来变成一种装饰，才能把衣服卖出去。她说，有时为了一个装饰图案，她要琢磨整天整夜，设计潜能就是在那时候锻造出来的。因为制作出来的牛仔服价廉物美，迅速走俏，那时候蓝田中学的学生几乎每 10 个人就有 5 人买过她的牛仔服。

汤宛晓制衣手艺好的消息迅速传开，幼儿园、学校、厂矿企业纷纷找上门来，要求定制节日表演的服装，而演出服与日常服装不一样，又是一项新的挑战。为了学到更多的知识，汤宛晓一面打理店铺，一面跑到广州白云学院，向专业的设计师学习礼服设计制作技术，加上她自己长期实践的经验，从女装到男装，从旗袍到唐装，从西装到中山装，无论什么样式的衣服，只要顾客供图，或者能够描述清楚，她就能按人家的意思制作出衣服来。又因为她细心服务，能按照不同人的气质给顾客合理的建议，所以备受欢迎。

2011 年东山新区发展如火如荼，汤宛晓把服装裁缝店搬到了步行街。许多有独特审美的人上门找她定制，以满足自己的审美要求。汤宛晓为无数人设计制作了有纪念意义的衣服，比如结婚周年纪念、考公务员面试等，很多顾客因为心存感激而成为朋友。她说："到今天，做一件衣服已经不是为了赚多少钱，而是在做衣服这件事情中结缘，收获顾客对我的信任，使我获得快乐，那种价值与意义不是钱可以衡量的。"

20 多年的努力，汤宛晓收获了"大 S"和"唐澜"二个品牌口碑，她决心把这两个名称注册成自己的品牌，却因为各种客观问题而无法注册。很多人在为她遗憾，但她豁达地说："我希望把店做成百年品牌，注册不了虽然多少有些遗憾，但作为一个平凡得不能再平凡的人，能够用自己的双手为别人做一点儿贡献，也算不虚度此生，已经很知足了，其他的就顺其自然吧。"

记者手记

从一间很简陋的乡村路边平房小店到今天在城隅拥有立足之地，汤宛晓对自己还是比较满意的。

当年创业，只是很简陋的一间小店，也没有店名。不久，因为制定牛仔服迅速火爆，很多人慕名而来，没有标记比较难找，顾客纷纷建议必须立个名称，自己也觉得应该起个店名，方便顾客寻找。但叫什么呢？自己也不知道。刚好碰到《流星花园》那部戏上演，汤宛晓很欣赏里面大S饰演的这个人物形象，其耐心、坚韧和执着的品格使汤宛晓很受影响，也十分欣赏。而且当年她主打的还是少女装，所以汤宛晓就把店门定为"大S"。后来增加男装制作，"大S"这个名称被很多男顾客吐槽，汤宛晓觉得真的有点不适宜，就开始使用"唐澜"。她介绍说，起这个名的时候，是因为想起香港有个美食家叫蔡澜，他是美食家，把美食文化做到极致，我制作服装，我也想把服装做到极致，所以就叫"唐澜"。当年只是为了让顾客容易记住，并没有什么品牌意识。

20多年坚持质量第一，口碑也出来了，就想把它们注册下来，成为自己专属的东西，还希望能够传承下去。几年前，就想过把这两个名称注册下来，作为自己制作服装的品牌，到相关部门注册的时候被告知"大S"不符合注册商标的规范，不能注册，而"唐澜"已经被人注册了，也注册不了。现在十分难办，起个新名字会让顾客误会，进退两难。

中国服装的发展和人类社会的发展有密切的关系。

服装的起源缘于人类的御寒行为，从原始社会采用的兽皮、兽骨和石头做成的裹身外壳开始。旧石器时代采用的原始缝纫工具是骨针；新石器时代创造了纺织工具，利用植物纤维制成衣料，为服装的进步创造了必要条件。到了夏商周，社会进步，生产力也有所发展，也推动了服装的发展。夏朝就开始用丝绸、麻布做衣料，懂得用朱砂染色；到了周朝，服装制度已经很完善，而且有明显的等级识别。到了战国，很多地方不再遵守周制，于是服装就像当时的思想一样"百家争鸣"，这个时候的服装款式、颜色得到很大的发展。

秦朝统治下，服装也有所限制，但由于朝代不长，也没有多大变化；西汉时期延袭秦制，对百姓没有限制，但对天子有限制，遵循春青、夏赤、秋黄、冬皂；汉代到魏晋南北朝，服装主要用面料区别等级；隋唐开始，由于奢华盛行，服装制度日趋完备，呈现多姿多彩局面；隋唐五代，中国妇女的服装发展到顶峰，从襦裙服、衫、群到半臂与披帛都有相当的考究，后来可以说是从未超越，只是在不断模仿。这个时候还盛行女子着男装，这和当时与北方少数民族交往频繁及社会开放有关。宋代服装在文化上有意识地融入汉族传统，于是有了正统的感觉。

宋之后的元、明、清基本无甚可讲，拘谨、保守、呆板、等级森严成为这些时期的符号。进入近代之后，开放带来自由风，服装才逐渐走向美观、舒适、方便、平民化等。到了近代，女装是旗袍，以显露身材的曲线为最美，而最为典型的是中山装。中山装的各个部件有代表意义，前襟五个纽扣指立法、施法、行政、考试、监督等五权，袖口的三粒纽扣指三民主义，四个口袋指礼、义、廉、耻，袋盖指以文治国。之后的已经不用再赘述了。

美了别人　悦了自己
——记服装定制设计师汤宛晓

□记者 许小鸣

走进汤宛晓的服装店，各式各样款式新颖的服装挂满货架，令人眼花缭乱，前来采购新衣的顾客络绎不绝，挑衣服的、试衣服的，店家忙个不停。汤宛晓是一名"70后"服装定制设计师，15岁开始跟着乡村的裁缝师学习裁缝，20岁开始创业。20多年来，汤宛晓心怀无限热忱，不断探索创新制衣技术，美了别人形象，悦纳自己心情，以精湛技艺成就服装工匠。

汤宛晓是揭东区新亨镇人，从小喜欢服装设计，初中毕业后，她就到乡村裁缝师那里学习做裁缝。为了提升手艺水平，汤宛晓还报名参加服装设计班，继续深造，打磨技艺。

不久之后，汤宛晓用2台缝纫机，开起了服装定制加工店。这一年是1998年，正值牛仔服流行期。汤宛晓自己制作了一批牛仔服售卖，凭借优质的面料，时尚新颖的款式，精细的做工，很快就被抢购一空。为了美化服装，创新作品，做出自成一派的服装，汤宛晓采用增设图案或镶边的方式，点缀服饰。有时为了一个装饰图案，需要琢磨整天整夜，设计潜能就是在那时候激发出来的。因为制作出来的牛仔服价廉物美，款式新颖，深受消费者喜爱。

凭着精湛的手艺，汤宛晓制衣手艺得

到广泛认同，幼儿园、学校、厂矿企业纷纷找上门来定制节日表演的服装。但演出服与日常服装并不一样，为了学习到更多的知识，汤宛晓一面打理店铺，一面到广州白云学院，向专业的设计师学习礼服设计制作技术，就这样，凭借自己扎实的基本功和刻苦钻研，无论是女装还是男装，旗袍或是唐装……只要顾客提供图式或者能够描述清楚，她就能按顾客的意图制作出衣服来。又因为她细心服务，能按照不同顾客的气质给出合理的建议，所以备受欢迎。

汤宛晓坦言，制作衣服的过程很枯燥，但看着自己裁制的衣服一件件穿在顾客身上、拎着回家，却又是相当有成就感的事情。"到今天，做一件衣服已经不是为了赚多少钱了，而是在做衣服这件事情中结缘，收获顾客对我的信任，使我获得快乐，那种价值与意义不是钱可以衡量的。"汤宛晓说。

揭阳日报

2022年8月 **5** 星期五

农历壬寅年七月初八
七月初十七秋

中共揭阳市委主管、主办　揭阳市报社编辑

国内统一刊号CN44-0083　今日8版　全第1908期

王毅坚决驳斥七国集团涉台声明

新华社北京8月4日电

上半年我国服务贸易增长较快

彰显高水平开放活力

新华社记者 张淑惠 谭谟晓

新华社北京8月4日电

我国成功发射
陆地生态系统碳监测卫星

新华社北京8月4日电

揭阳海关助力中石油广东石化炼化一体化项目
大型设备高效通关

以高效服务为项目建设"加油"

本报讯（记者 陈维松 通讯员）

市市场监管局对逾期年报市场主体实行包容审慎监管
柔性执法出实招　助企纾困促发展

"稳"字当头
抓好"双统筹"

本报讯（记者 詹磊峰 通讯员 陈焕）

优化政务服务环境落实"三个最" 一起走流程
市交通运输局立足"群众之所需"，持续推动行政审批提速增效

用心当好"店小二"　便民服务"不打烊"

□记者 黄卓

普宁国际电商城
吸引大批商户入驻

美了别人　悦了自己
——记服装定制设计师汤宛晓

□记者 陈史军

工作中的汤宛晓

服装成品

服装成品

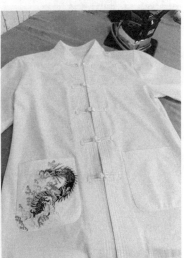

服装成品

致力推动乡村数字化建设的铿锵玫瑰

——记中国电信广东揭阳分公司数字乡村项目总监吴暖暖

吴暖暖毕业于中山大学传播与设计学院，是一个正宗的揭阳姑娘。2013 年，吴暖暖入职中国电信广东分公司，2019 年受省公司委派，到揭阳支援建设。工会主管邱武龙告诉记者，原定支援揭阳建设一年，后因揭阳分公司不断向上申请留揭支持，至今已是第三个年头了。她所策划的项目获中国电信集团级、省级、市级多项荣誉，个人被评为电信集团"岗位创新能手""创作之星"，广东电信"优秀党员""技控能手""群众性标兵""青年创新先进个人"等。

学以致用，以数字化服务振兴乡村

近三年来，吴暖暖的工作重点是推进广东数字环保项目、数字农业项目、数字精品村项目等，信息化赋能乡村振兴。她为工作，跑遍了 79 个支局和 300 多个行政村。吴暖暖带领广东揭阳电信乡村团队在乡村信息化方面开展创新性探索，她坚持深入基层，沉在一线，每天不是在乡村就是在去乡村的路上。截至 2021 年底，吴暖暖带着数字乡村团队为揭阳市搭建了 1320 个"一村一台"村级乡镇电视、797 个平安达标村、159 个数字乡村应用覆盖村。其中，揭阳村级乡镇电视在全省行政村覆盖率第一，在宣传政策、传递信息等方面都发挥着不可或缺的作用。尤其 2020 年初为政府防疫宣传发挥了巨大作用，获得南方+、《揭阳日报》等多家媒体高度认可，并多次报道。

对症抓药，以专业化服务为民分忧

为帮助各行各业客户解决痛点，吴暖暖针对客户需求编写了解决方案手册，并不断升级版本。同时形成了《数字乡村助力乡村振兴——中国电信数字乡村项目解决方案》，并录制成电子书，在全国进行推广。她先后组织政府交流会 8 场、整镇推进现场会 2 场、校园推介会 2 场，连续 2 年参展市政府"美丽乡村大擂台"活动，搭建电信农村信息化展区。还专门为揭阳市委书记、副市长、乡镇书记等领导演示电信信息化服务，获得一致高度认可。

吴暖暖为落实基层员工的辅导帮扶，在市、县、支局、包区四级穿透，赋能一线提升能力，创新"分类施策达标推进"操作法，坚持精准诊断、精准画像、精准施策，27 个重点帮扶支局均取得达标突破。她还致力于推进技控提升，通过开发"傻瓜式"数字化营销工具，简化事，赋能人，有效提升了公司基层营销效率。2020 年开发了影视包精准营销弹窗小工具，获第三届全国企业技控大赛金奖和广东电信公司技控大赛金奖；2021 年开发数字乡村"三件套"营销工具，获广东电信公司技控大赛银奖。

致力创新，探索数字化营销新领域

吴暖暖说，作为"云改数转"时代的"新青年"，能将所学技能用来服务家乡建设，是她的心愿。

吴暖暖为打造家乡名片，策划"云游揭阳"慢直播专题活动，携手央视网、广东台开展中秋、春节专题活动，在央视网、触电新闻、中国电信等平台展现。春节专题累计观看量超 46 万，让全国潮汕游子通过屏幕欣赏到"家乡美"。2022 年初，多次赋能支撑普宁电信分公司创新工作组，快速部署，快速迭代方案，3 月 8 日普宁电信分公司顺利与普宁乡村振兴局签约慢直播合作项目，这是广东省内首个重量级的"魅力区县"慢直播整县范围合作项目。为讲好乡村故事，她创作了 8 个乡村系列短视频，在集团、省、市三级传播，单个作品最高点播量超 30 万，连续 2 年被授予"集团创作之星"称号。如还开展电商直播带货，策划兼主播多场直播活动，所带的直播团队被广东电信授予"十佳直播团队奖"。

记者手记

中国电信股份有限公司揭阳分公司成立于 2003 年 3 月 21日，是中国电信集团公司下属的分公司，承接集团公司在揭阳的服务运营职责，主要业务包括固定电话、移动通信、卫星通信、互联网接入及应用、云业务、综合智能信息化的建设和运营，系地方建设网络强国、数字中国，维护网信安全的主力军。该公司近年来加大步伐深化落实集团"云改数转"战略，积极服务于地方经济社会数字化发展，在基础设施建设、客户服务、通信保障等方面年均投入超 8 亿元，现已建成区域领先的 3000 兆网络（千兆 5G、千兆光宽、千兆 WiFi），实现"2000M 到企业、1000M 到家庭"的网络支撑能力，承建"数字政府"政务云平台揭阳节点，支撑"平安揭阳"高清监控系统、公共安全视频监控建设联网应用（雪亮工程）、"十三五"智能大数据平台、12345 政务热线、互联网+"明厨亮灶"、移动警务等重要系统和平台建设，100%完成精准扶贫任务，积极推进"数字乡村"建设，助力乡村振兴，推进"一城两园"基础网络等重大项目建设，助力产业数字化。

该公司自创建以来，兢兢业业，近年来成绩优秀，从 2015 年到 2021 年连续 7 年被评为 A 级纳税人，曾获广东省先进集体、广东省文明单位、揭阳市直示范党组织、揭阳市直机关先进基层党组织、揭阳市先进集体、揭阳市脱贫攻坚先进集体、揭阳市文明单位、全国模范职工之家、揭阳市优秀志愿服务集体等荣誉称号。

"云改数转"简单理解就是：作为云建设、云应用的先行者和引领者，中国电信自身数字化转型的实践，已经带来经济建设的积极影响，成为千行百业数字化转型赋能的重要基础。

技控是现代科技的一个新概念。技控实际上是一种工具，与人控有区别。人控更多的是对人的培训，教会工作人员如何去介绍营销产品；技控是直接开发简单快捷的"傻瓜式"营销工具出来，让所有员工能够无障碍使用，员工一上手就会用，会营销。

通过开发技控工具，形成一套完整的解决方案。例如将工作中经常反复出现的问题作为技控课题，通过还原工作场景，将整个工作流程展开并细化，从而锁定技控点。在确定技控点后，根据 BEM 模型对技控点进行详细的措施说明，形成改进方案（如开发营销工具等），从而改善或消灭工作中的痛点问题，实现组织绩效的提升。

再简单举个例子，部分客户经理想要拓展业务，联系村委会干部总是不成功。于是需要开发"精准简"小工具，一是大数据展现该村画像（现状消费情况），知己知彼；二是每个员工配置一本助民案例画册、演示视频、解决方案，使村委会干部能更直观感受产品的好处；三是预算工具，方便员工现场根据村委需求快速报价，减少村委等待时间，从而完成营销任务。

揭陽日報

2022年5月
星期四
5
农历壬寅年四月初五
今日立夏

中共揭阳市委主管 主办 揭阳日报社出版

我国科考队员成功登顶珠峰

珠峰科考创造多项新纪录

相关报道见第7版

唱响新时代的青春之歌

——以习近平同志为核心的党中央关心青年和青年工作纪实

小信箱大民意，揭阳公安为民解忧暖民心

"平安厅"信箱开通一年为群众解决"急难愁盼"问题519件

线上线下深度融合，便民服务延至"家门口"

普宁市市场监督管理局围绕"三个最"，持续推进"放管服"改革

高效统筹疫情防控和经济社会发展

我市组织收看省疫情防控工作电视电话会议并部署相关工作

锐意创新助力数字乡村建设

——记中国电信广东揭阳分公司数字乡村项目总监吴晓峰

锐意创新助力数字乡村建设

——记中国电信广东揭阳分公司数字乡村项目总监吴暖暖

□记者 许小鸣

吴暖暖，揭阳人，毕业于中山大学传播与设计学院。2013年吴暖暖入职中国电信广东分公司。2019年受省公司委派，到揭阳支援建设，现任中国电信广东揭阳分公司数字乡村项目总监。她所策划的项目获中国电信集团级、省级、市级多项荣誉，个人获评集团电信"岗位创新能手""创作之星"、广东电信"优秀党员""技控能手""群众性标兵""青年创新先进个人"等称号。

学以致用，以数字化服务基层助力乡村振兴

近三年来，吴暖暖的工作是重点推进广东数字环保项目、数字农业项目、数字精品村项目等，让信息化更好赋能乡村振兴。为此，她跑遍了79个支局和300多个行政村，带领团队在乡村信息化开展创新性探索。她坚持深入基层，沉在一线，以数字化助力乡村振兴。

至2021年底，吴暖暖带领团队为揭阳市搭建了1320个"一村一台"村级乡镇电视，797个平安达标村，159个数字乡村应用覆盖村。其中，揭阳村级乡镇电视在全省行政村覆盖率第一。

对症下药，以专业化服务客户为民分忧

为帮助各行各业客户解决痛点，吴暖暖针对客户需求编写了解决方案手册，并不断升级版本；形成了《数字乡村助力乡村振兴——中国电信数字乡村项目解决方案》，并录制成电子书，在全国进行推广。她先后组织政府交流会8场，整镇推进现场会2场，校园推介会2场，获得一致好评。

为落实基层员工的辅导帮扶，提升员工工作能力，吴暖暖创新"分类施策达标推进"操作法，坚持精准诊断、精准画像、精准施策，27个重点帮扶支局均取得达标突破。她还致力于推进技控提升，通过开发"傻瓜式"数字化营销工具，简化事赋能人，有效提升公司基层营销效率，2020年开发了影视包精准营销弹窗小工具，获第三届全国企业技控大赛金奖和广东电信公司技控大赛金奖；2021年开发数字乡村"三件套"营销工具，获广东电信公司技控大赛银奖。

▶下转第7版

参加 2021 年揭阳市网络安全宣传周宣讲活动

工作中的吴暖暖

心中有梦　自达彼岸

——记玩具娃娃加工业作坊主钟晓涛

钟晓涛是榕城区榕东街道钟厝洋村人，个子不高，但和"80后"这些同龄人比较，似乎多了些成熟老练。他从事玩具洋娃娃加工行业多年，从代工到自己设计产品款式，生产的洋娃娃除了美国和北约地区，全球其他地方也都销售。而最大的销售区域是乌克兰、俄罗斯和中东等地。

疫情发生之后，钟晓涛把工场从上千平方米的地面铁皮屋搬迁到炉头村一座厂房的 6 楼上。因为销量下降，为了降低租金，缩小成本，现在只有 300 平方米左右。走进炉头村的工场，几个工人在忙一些杂事，有一位女工正在给洋娃娃安装电池。钟晓涛说，以前那个大工场，几十个工人在干活，进进出出，连个坐的地方都没有，现在安静多了。他的语气中饱含着诸多无奈。

钟晓涛毕业于广东省经销学校，即广东财经职业技术学校的前身。因为父亲是经销系统职工，劝他去读，毕业可以分配，他听父亲的话，2003 年中考报考了该校。学校当时有三年制中专和五年制大专，他考的是五年制大专。入学第二年家中忽遭变故，无奈转读三年制中专。2005 年毕业，分配的政策支持也没有了。只有中专学历，公职无法竞争，好在读的是会计专业，那个时候找个私人企业混饭吃不难，因此他在东莞的私企打工。由于是家中老大，弟妹尚小，在母亲的再三要求下 2007 年回到家乡，在家乡的企业谋了职位。

自改革开放之后，钟厝洋乃至整个榕东街道一直是出口产品加工基地，产业覆盖了一切居家日用品，比如小件家电、厨具、餐具和玩具，玩具以洋娃娃为主。钟晓涛在老东家的帮助下，2014 年开始自主创业，开办了家庭加工作坊。最初挂钩澄海工厂代工，后来请人自主设计了产品，包括洋娃娃的服装配饰等零件，都是设计好找厂家定做的，自己的工厂只是负责组装成品，产品都是按照国际标准生产。他和大多数人一样，产品由外贸公司代理与外商洽谈，他负责供货，外贸公司抽水钱。他给自己生产的产品起了名——"兴益"。说着，钟晓涛拿出一个成品来展示。2 尺来高的成品娃娃，模样俊俏，衣服靓丽，能站能坐，打开开关还能唱歌或者说话，就是大人看了也会喜欢，不要说小孩了。钟晓涛不无委屈地说，我们这里生产的洋娃娃无论质量还是美观度都不比迪士尼差，但我们的价钱比迪士尼差好远。迪士尼上千元，我们才上百元。并且，他和同行为了展示自己的产品，必须到澄海玩具城去租产品展示档位，如果家乡有集中展示产品的街区，他和同行可以节约很多成本，机场就在揭阳地界，外商完全可以直接来揭阳看货。

创业之初，钟晓涛的生意一直不错，2018 年下半年开始滑坡，接着疫情，最近又有战争，出口生意彻底断了。钟晓涛说，因为业务量断崖式下降与用工荒，他已经无法雇请工人，不得不把自己的活儿外包出去。他每天要打理工场运作，还要预制材料、接单、回收成品，早晚还要接送小孩读书，简直就是打转的陀螺。他说周围很多同行都转型只做接单业务，搞贸易去了，他还在慢慢坚守。

对此，钟晓涛不无慨叹。为了盘活一些资金，他不得不上网销售，开始朝内寻找出路。他说，只要能够维持运转，就要努力。他最担心的是乌克兰和俄罗斯客户的安全，因为俄乌战争使生意断绝，之前贸易的货款都没有收回来，他希望这波难关能够赶快过去，回到原来的状态。

记者手记

揭阳自 1992 年撤县建市至今年刚好 30 年整，采访钟晓涛时，了解到了一些事情，令人心生遗憾。

榕东街道在榕城区，是属于老古城外围的一个区域，但相比其他地方来说，还是比较接近古城了。自改革开放以来，做小家电、洋娃娃成为整个榕东街道的主要制造产业，他们从三五人合伙到后来的材料供应、产、销仔细分工。

像钟晓涛这样的工厂有不少，几十年来，他们按照自己可以承受的模式努力打造属于自己的品牌。但由于种种客观原因，他们只能到澄海寄售，这个寄售模式是到澄海租展厅陈列自己的产品，找外贸公司代理国外销售，包括议价、签合同等。这种经营模式，注定他们成为代工厂的命运。但榕东街这些厂家尽管产品、做工以及环保都达到国际水平，美国迪士尼的洋娃娃一个零售价一般可以上千元甚至更高，甚至钟晓涛生产的洋娃娃都有自己的商标和产品检验合格证，销到国外的零售价也才卖 100 多元，出厂价才几十元。而在这些出厂价的几十元中还有在澄海租展示产品场地的一大笔费用。由于利润的微薄，很多生产商的第二代成长之后，早在十几年前已经转型专门从事外贸销售了。剩下的生产厂商也纷纷想办法降低损耗，不再养工人，而是把加工改为外包，让工人把活儿领回家去做，从而减少人工成本以及场地租金，达到降低成本的目的。近几年来，外包加工的活儿从榕东一直延伸转移到了渔湖。

榕东街道还有另一种产业就是生产小家电，比如小型电风扇、电饭煲、电动小水泵等，一般消费者在网上购买的佛山、顺德、中山品牌的小型家电其实都是在榕东街道生产的。榕东街道的电器厂基本成为珠三角小家电品牌的代工厂。

了解这些现实情况之后，我心里就如打翻的五味瓶。生产商不是没有意识，而是缺乏大环境的支撑。如果地方政府有产业意识、品牌意识，我们可以开辟玩具、小家电展示一条街，让当地的厂商可以有场地展示。随着年轻人的不断进取，以及机场、高铁的贯通，我们完全有条件做自己的外贸生意，可是，我们只能把产品贴上别人的标签，没有品牌，连产地都不配。我们辛辛苦苦生产的产品尽管精美，也只有寄售的命运！为什么这样一个隐藏在市区的产业链竟然没有得到当地政府的重视……

钟晓涛们在没有任何环境优势的情况下努力进取，一步一步地艰难举足，用自己的双肩扛起发展的重任。

揭阳日报

2022年4月 **21** 星期四
农历壬寅年三月廿一
四月招�立夏

中共揭阳市委主管 主办 揭阳日报社出版

"他的心一直与我们农民连在一起"

总书记和人民心贴心

□新华社记者 陈瑶 姜海涛

严格资格条件 坚持好中选优

——各级党组织和党员积极开展党的二十大代表候选人初步人选推荐提名工作

□新华社记者 丁小溪 范思翔

▷下转第2版

市委常委会召开会议

本报讯（记者 黄蕴福 陈青青）

▷下转第2版

市检察院将发挥国家法律监督机关作用，认真学习贯彻实施《反有组织犯罪法》——

为打击和预防有组织犯罪贡献检察力量

□记者 李桂华 通讯员 梁耀鑫

▷下转第2版

心中有梦 自达彼岸

——记玩具业创业者钟晓涛

□记者 许小鸣

农业农村部：

将加强三方面举措 促进生猪产业发展

新华社北京4月20日电（记者王立彬）

支光南主持召开市政府常务会议，强调

依法依规解决群众合理诉求

□记者 黄卓�

支光南在市建接科技部专家组调研高新区 以升促建工作专班会议上强调

举全市之力创建国家级高新区

本报讯（记者 林海晶）20日，

汕湛高速东段将实施差异化收费

实施期限暂定为6月29日至10月31日

本报讯（记者 黄健华）

青青玉米地 又到丰收季

心中有梦 自达彼岸

——记玩具业创业者钟晓涛

□记者 许小鸣

钟晓涛是榕城区榕东街道钟厝洋村人，个子不大，但和80后的同龄人比较，似乎多了些成熟老练。他从事玩具洋娃娃加工行业多年，从代工到自己设计产品款式，其加工场生产的洋娃娃销往全球各国，销量最大的区域是乌克兰、俄罗斯和中东等地。

2005年，钟晓涛中专毕业后到东莞的私企打工。由于是家中老大，弟妹尚小，在母亲的再三要求下于2007年回到家乡，在家乡的企业谋了职位。

自改革开放之后，钟厝洋乃至整个榕东街道一直是出口产品加工基地。产业覆盖了居家日用品和玩具，日用品包括小件家电、厨具、餐具等，玩具以洋娃娃为主。钟晓涛在老东家的帮助下，于2014年开始自主创业，开办了加工场。最初挂钩澄海工厂代工，后来请人自主设计了产品，包括洋娃娃的服装配饰等零件，设计好找厂家定做，自己的加工场负责组装成品，产品都是按照国际标准生产。他和大多数人一样，产品由外贸公司代理与外商洽谈，他和同行为了展示自己的产品，必须到澄海玩具城去租产品展示档位。钟晓涛拿出一个成品向记者展示，只见二尺来高的成品娃娃，模样俊俏，衣服靓丽，能站能坐，打开开关还能唱歌或者说话。"就是大人看了也会喜欢，不要说小孩了，"钟晓涛说，"我们这里生产的洋娃娃无论质量还是美观度都不比迪士尼差，但我们的价钱比迪士尼差好远。迪士

尼上千元，我们才上百元。而且，如果家乡有集中展示产品的街区，我和同行可以节约很多成本。"

创业之初，钟晓涛的生意一直不错，但受国内外复杂多变的经济环境影响，2018下半年开始出口生意愈加艰难。钟晓涛说，业务量断崖式下降与用工荒难等问题，他不得不把自己的活儿外包出去。2020年，钟晓涛把上千平方米加工场搬迁到炉头村的一座厂房。为了降低租金，缩减成本，加工场现在只有300平方米左右。记者近日走进这个加工场，只见几个工人在忙一些杂事，一位女工正在给洋娃娃安装电池。钟晓涛说："在以前那个大的加工场，几十个工人在干活，进进出出，连个坐的地方都没有，现在安静多了。"他的语气中饱含着诸多无奈。

钟晓涛每天要打理加工场运作，还要预制材料、接单、回收成品，早晚还要接送小孩读书，简直就是打转的陀螺。他说周围很多同行都转型只做接单业务，搞贸易去了，他还在苦苦坚守着。

对此，钟晓涛不无感慨。为了盘活一些资金，他尝试上网销售，一切朝内寻找出路。他说，只要能够维持运转，就要继续努力。他希望这波难关能够赶快过去，回到原来的状态。

玩具成品

工作中的工人

工作中的大家

百折不挠的回乡创业"新农人"

—— 记回乡创业青年养殖能手林烽平

林烽平，1989 年出生于惠来县靖海镇南山村，这个"80 后"小伙子不惧家人反对，毅然返乡做"新农人"，凭个人双手，从零开始，支撑起超 20 亩养殖场，几经起落，从单一的养鸡场发展到如今的混合型农场，在家乡闯出了一片天，现为揭阳市乡鲜食品科技有限公司总经理、惠来县柏顺种养场负责人。

瞒着家人回乡创业

提起回乡创业，林烽平的父亲还是有些激动，尤其近来又有养殖场的承包合同到期难以续租的烦恼困扰。2018 年，回家过完春节的林烽平决定不走了，留在家乡创业，他的想法一出，就面临家人的极力反对。他深知父母起早贪黑干活，就是希望他能够离开土地，告别农民身份，现在怎么说都没有用。于是，他来了个先斩后奏，偷偷在网上联系了广州的孵化场订购了鸡苗。父母亲眼看没有办法阻止，只得转为支持。就这样，林烽平开始了他的创业生涯。

林烽平在父亲原有的小养殖场基础上，又跟朋友借了在山下的一块地，扩大了规模。他是一个能吃苦耐劳的青年人，从一开始着力平地、除草、搭棚、订鸡苗、买养殖设施设备、安装等一系列前期工作，都是林烽平自己和父亲完成的。

勤劳致富带动乡人

在外面闯荡了 10 多年的林烽平，养成了爱思考的习惯，他觉得应该学习科学养殖。于是，他积极参加各种培训，学技能，提高养殖技术，先后参加过揭阳市组织的领头雁农村青年人才培训班、广东省农村创业青年领头雁培训班、华南农业大学农业经理人培训班、国家乡村振兴领头雁计划培训班，成了一个名副其实的现代化农民。在乡村振兴计划中，他的养殖场就帮助解决了当地部分贫困户劳动力就业问题。在靖海镇当地，想创业致富的青年，都会跑到林烽平的养殖场参观学习。林烽平都热心接待，帮前来参观养殖场的青年分析时态、评估风险、规划发展。一小批贫困户在他的指导与帮助下实现了脱贫增收。

创业艰难百战多

为了增强市场竞争力，提升经济效益，林烽平意识到必须打造自己的品牌。于是，他开展农产品品牌打造计划，他联合朋友成立公司，并先后注册了商标，同时产品通过电商与新媒体领域进行推广。然而正当林烽平踌躇满志之时，一场新冠肺炎疫情让他跌进谷底，2019 年年底鸡鸭都赶上出栏时候，疫情影响，市场滞销，他欠下了饲料经销商十几万元饲料款。本想处理完最后一批鸡鸭，重新外出打工，却在偶然认识的一位养猪大户的鼓励下，转变思路养猪，这位养猪大户还拿了资金给他买母猪苗，并一路为他提供技术指导！

林烽平决定再博一次，建猪场，认真学习养猪技术。现在，他已经掌握了鸡鸭养殖专业技术，生猪自繁自养与母猪、后备母猪的饲养与管理，仔猪疫苗接种，生猪育肥技术，母猪配种的成功率达 100%。3 年下来，林烽平凭着刻苦耐劳的精神，一步一个脚印，养殖场已经初具规模，并发展成一个集养鸡、鸭、猪、鱼为一体的综合型养殖场。单养的猪就有 100 多头，都是他自己通过技术养母猪并成功配种繁殖的，如果不是资金限制，还可以更多。林烽平靠着双手在养殖业上刨出一片天地，越走越稳，2019 年 12 月获得由揭阳市委团委颁发的"揭阳十大乡村创业青年"荣誉称号。面对记者的采访，林烽平说，能够让父母放心，他也就放心了。但乡村的振兴确实需要年轻人，更需要有技术的年轻人。

记者手记

林烽平确实是个命运多舛的孩子。中学毕业后，在家乡开了一家小餐馆，生意还算不错。兄弟分家时，他从父母之命，把餐馆让给了弟弟。自己悄悄到深圳、东莞等地打工，做了很多工作，每次有了希望之后就出现波折。成家之后，随着妻子怀孕回老家休养，他的心也无法再任由自己四处漂泊。在家乡当了干部的朋友向他宣传了国家的政策，动员他回家乡创业，也可以照顾好妻子。他心动了。第一年，他辛辛苦苦撑起来的鸡场，第一波肉鸡可以出笼，丰收在望，然而老天无情，"时代的一粒灰掉到每个人头上就是一座山"。他扛着压力，盼完春节盼元宵，盼完元宵盼清明。鸡未能顺利出笼卖出去，每天的饲料成本把他原本所剩无几的资金全部消耗殆尽，清明过后已经负债，他不得不忍痛低价处理掉所有的肉鸡，并打算完成后重新出去打工，却在这时意外地碰到了养猪专业户，在得知他的情况后，愿意帮助他，并教给他养猪知识，他这才转向养猪。3年下来，总算稳定了，但风险仍然存在。他说，农人都是看天吃饭，作为农村人，这个道理谁都知道。

林烽平自从回乡创业，就特别关注新闻。他说，新闻总有与乡村振兴相关的信息，所以必须多留意。

回乡创业的"新农人"

——记惠来县靖海镇青年养殖能手林烽平

□记者 许小鸣

林烽平1989年出生于惠来县靖海镇确山村,这个"80后"小伙子不惧家人反对,毅然返乡做"新农人",凭个人双手,从零开始,支撑起20亩养殖场,几经起落。从他一手的养殖发展到如今的混合型农场,在家乡闯起了一片天,他,就是揭阳市众新食品科技有限公司总经理,惠来县颇有种养名气的人。

睛着家人回乡创业

提起回乡创业,林烽平的父亲还是表现有惋惜动,原来,2018年回乡过完春节的林烽平决定不走了,留在家乡创业。他的想法一出,遭遇到亲人的极力反对。林烽平深知父母起早负黑干活,就是希望他能够离开土地,告别农民身份,现在怎么说都是有用。他来了个先斩后奏,偷偷在网上联系了广州的朋友养起了鸡场。父母亲看着没有办法阻止,只好转为支持,帮他把养殖事业就此开始了干起来的。

林烽平在其父亲原有的小养殖场基础上,无限扩大干了在山下的一块地,扩大规模。他是一个能吃苦耐劳的青年人,平地、除草、搭棚、订鸡苗、买养殖设备和安装等一系列前期工作,都是他和父亲完成的。

带动乡亲勤劳致富

在外闯荡了十来年的林烽平,形成了爱思考的习惯,他觉得应该学习科学养殖知识,于是他积极参加各种培训班,学技能,提高养殖技术,先后参加过揭阳市"领头雁"农村青年人才培训班、广东省农村创业青年"领头雁"培训班、华南农业大学农业经理人培训班、国家乡村振兴"领头雁"计划培训班。他成了一个名副其实的现代化农民,在乡村振兴战略中,他的养殖场帮助解决当地部分劳动力就业问题。在靖海镇当地,不少想创业致富的青年,都到林烽平的养殖场来学习。林烽平都热心接待,帮指来参观养殖场的青年分析时态、评估风险、规划发展。在他的指导与帮助下,一部分青年已成功创业。

▶下转第6版

揭阳日报

2022年5月
星期四
12
农历壬寅年四月十二
四月廿一小满

中共揭阳市委主办 主办 揭阳日报社出版

《习近平外交演讲集》第一卷、第二卷出版发行

新华社北京5月11日电 经中央批准，中央党史和文献研究院编辑的《习近平外交演讲集》第一卷、第二卷，近日由中央文献出版社出版，在全国发行。

"把光荣镌刻在历史行进的史册里"

——记习近平总书记出席庆祝中国共产主义青年团成立100周年大会

□人民日报记者 杜尚泽 徐 隽 闫伊乔

时代之问，以奋斗作答

历史之光，用青春点亮

▷下转第4版

王胜带队到普宁市调研检查强降雨防范工作情况，强调

加强巡查巡防和值班值守
抓紧抓实抓细防御措施

本报讯（记者 蔡泽青 通讯员 方 JC）

广东石化项目建成110kV"超级电网"

本报讯（记者 蔡泽青 通讯员 刘垦 陈宏伟）

回乡创业的"新农人"
——记惠来县靖海镇青年养殖能手林绵平

□记者 许小鸣

支光南到惠来县检查防汛工作，强调

严阵以待 全力防御强降雨

本报讯（记者 杨海峰）

陈小鸡到大南海石化工业区检查防汛，调研重点项目，要求

高度重视 全面落实落细防汛措施

本报讯（记者 黄卓丹）

我市组织收看全省强降雨工作视频会商调度会并部署相关工作

做好应急准备 强化临灾风险防控

本报讯（黄小勇）

工作中的林烽平

坚守六年，不计辛劳打造"空心村"

——记普宁里湖镇龙兴村下营寨下营古寨回乡建设者杨武列

杨武列是普宁里湖镇龙兴村下营寨村民，1992 年外出务工，创业成功，富裕之后不忘家乡。回到家乡看到自己成长的地方逐渐变成人迹罕至的"空心村"，他心里十分难过。2016 年，他毅然回到家乡，开始一砖一木亲手建设堆砌，6 年的精心经营，使古村旧貌变新颜，现在已成为乡村旅游的网红打卡地。

事业有成不忘根

杨武列初中毕业后外出到深圳务工，从事家具销售工作，并在深圳创办了深圳市龙岗区金美雅衣柜厂。他虽然在外 30 余年，但逢年过节必回家乡，每次回家看望父母，车开到山下，就得停下来步行 1.5 公里的山路走回家。在 2005 年那次过年回乡之后，他就发动乡贤捐资开拓山路，把山路拓宽到 5 米，使机动车可以直达寨子。由于下营寨地处偏僻，村民纷纷外迁，家园早已是杂草丛生，一派凋敝的景象。在杨武列回乡建设前，年轻人都走光了，有的人还把父母都接走了，村里只剩下几个老人了，下营成了"空心村"。

杨武列说："每次回家，看到家乡住的人一年比一年少，我心里十分难过。我一直在想，这个生我养我的地方难道就这样要消失掉了吗？我能够做点什么呢？"

决心回乡重建家园

看到家园即将没落，杨武列终于忍不住了。2016 年，他把公司业务全部交给儿子，毅然回到家乡，建设古寨。他亲自整饬村容村貌，从身边的亲友开始发动，和村民从一石一砖开始，亲力亲为，修桥筑路。在他的带动下，家族、乡贤、社会的爱心人士等多方筹集资金，共同打造下营寨的景观，开辟了溯溪栈道，打造瀑布群，建设山溪游泳池，种植生态茶园，并完善各种配套设施，使得村庄焕然一新，成为五峰山生态乡村的热门景点，吸引了许多游客前来观光。

在上级相关部门的支持和帮助下，下营寨代表行政村龙兴村参与各种评选活动，先后获得了国家级"森林乡村"、市级"揭阳特色村"、县级"美丽乡村"等荣誉，下营寨也成为普宁市美术家协会、普宁市青年摄影家协会、普宁市乡村文化艺术协会等民间协会的创作基地。

义无反顾守候古村

因为古村目前的配套设施还跟不上，杨武列还要接待游客，提供饭食，但他都乐此不疲，尽自己最大努力为游客提供一个美丽舒适的休闲环境，也向游客呈现了山里人家的朴素和热情好客之风。为了让更多的人了解下营寨的好山好水好空气，他开公众号，上抖音，利用一切传播途径，对外宣传下营寨。但随着游客日益增长，各种压力随之而来。环境清洁又成为难题，杨武列平时亲力亲为清洁环境，维护基础设施的干净卫生，同时发动和招募古村环卫义工团队，在周末和节日人流高峰时候前来支援。

6年来，杨武列日复一日地守护着下营寨，他还游说在外的家乡人一同加入队伍，守护家乡，复兴故土，下营寨的人气也越来越旺了。杨武列回乡守护村寨，又乐于帮村民办实事，村内村外口碑甚好，得到群众的拥护。2021年村两委选举，他被选举为龙兴村"两委"委员，负责3个山区自然村的基层管理工作，有时需要翻山越岭地深入群众开展服务工作。工作虽然繁杂，但是他毫无怨言，勤勤恳恳地做好本职工作。他说："有一分光就要发一分热，能服务好父老乡亲，就是我最大的幸福。"

记者手记

下营寨由于交通不便，村民纷纷外迁，家园杂草丛生，在杨武列回乡之前早已经凋敝。

杨武列的行为着实让人感动，作为一个事业有成的人，他本来可以环游世界，但他却回到家乡，把一个荒废了的村庄建成一个网红村，其实是一件吃力不讨好的事情。但他在一阵苦笑之后说："我在异乡一直不得安乐。每每睡下，老梦到家乡的山山水水，每次回家，看看生我养我的地方变成这样，心里好难受，这是我的根，我应该为它做点什么。"

作为下营寨的守护者，他在管理和维护好家乡的事情之外，还非常热心地参与各项公益活动。他参加了南阳山区志愿者协会，到南阳山区各乡村扶贫济困，积累了许多经验。2019 年，他联合了许多志同道合的志愿者，创办了里湖镇本地爱心组织——普宁市榕水志愿者协会。作为创会人兼首任会长，他积极发展会员，大力组织"扶贫济困、帮孤助残、救灾助学"等奉献爱心的活动，其足迹遍布里湖周边的乡村，向困难家庭或者个人传递关爱、传递祝福，也用实际行动来倡导和弘扬新时代的美德，得到社会广泛好评！

2018 年国家提出乡村振兴之后，在家具行业拥有近 30 年丰富经验的他积极响应乡村振兴政策，把城市的业务引入乡村。2018 年以来，先后在揭西和普宁开设了 3 个家私销售店；2019 年又创立普宁市立源农业种植有限公司，开展以茶叶为主的种植业以及其他农产品收购、加工和销售业务，服务乡村就业，给村民创造了一些就业岗位，为村民创造了新的收入来源。

下营古寨坐落于粤东莲花山脉中段东侧，五峰山东麓，普宁与揭西接壤处。海拔约 500 米，行政上隶属于普宁市里湖镇龙兴村，距离普宁市区大约 26 公里，距离里湖镇街约 15 公里。山村有条约 7 公里长的水泥乡道连接安池公路，村子三面环山，西北侧有一条山溪，流水长年不断。下营始建于清朝乾隆晚期，至今有近 300 年历史，村聚落坐北朝南，一排排房屋沿山坡而建，呈阶梯状分布，建筑多为就地取材的石砌涂角结构，是客潮山区特色民居，有"下山虎""竹竿屋""横屋抱"等样式，古村落建筑保存完整。

相传，最初是明朝兵败之后的一支残余势力落户在此，依山据守。下营是一个前沿哨点，在距离下营5公里左右与揭西相交界的五峰山腹地才是主力据点。明军余部在这里借着险要地形盘踞，清军久攻不下，历时几十年，由前朝军队沦为山贼，故而五峰山腹地主力据点至今在民间仍有"大贼营"之称。随着时间的推移，清廷久攻不下而渐渐放弃警惕，但终因是前朝旧部而一直成为清廷的心腹大患。清廷派出探子扮成卖货郎，花了5年的时间摸清了山路及哨卡。在一个夜晚，清廷派大军借着夜色以迅雷不及掩耳之势一夜将明末残军清剿殆尽。后来，随着时间的推移，各地逃避战乱或者避难的人来到这里，渐渐聚集群居，再次形成村落。清嘉庆年间，南阳杨氏宗族一支移居此地建寨定居，开宗创祖并沿用"下营"为寨名至今。

这里出产炒茶、乌榄和橄榄。今年的乡村振兴计划使这里逐渐为世人所知道，慢慢成为消闲去处。

让古村落留住乡愁绽放新颜
——记普宁市里湖镇龙兴村下营寨回乡建设者杨武列

□记者 许小鸣

杨武列是普宁市里湖镇龙兴村下营寨村民，1992年外出务工，创业成功之后不忘他乡。2016年毅然回到家乡，投身古村落保护与开发。经过6年的精心经营，使古村落旧貌焕新颜，成为远近闻名的网红旅游打卡点。

杨武列初中毕业后到深圳务工，从事家具销售工作，并创办了深圳市龙岗区金美雅衣柜厂。虽然在外30年，但他逢年过节必回家乡看望父母。由于回家的山路狭窄，汽车不能通行，杨武列必须将车停在山下，步行1.5公里的山路才能回到家里。2005年过年回乡之后，杨武列就动员众乡贤捐资开拓山路，把山路拓宽到5米，使机动车可以直达寨子。

由于下营寨地处偏僻，村民纷纷外迁。在杨武列回乡建设前，村里的年轻人都走光了，有的人还把父母接走了，村里只剩下几位老人留守。看到古村落逐渐走向"消亡"，杨武列心里十分难受。2016年他把公司业务全部交给儿子，毅然回到家乡开发建设古村落。他以身边的亲友开始动员，发动村民捐桥筑路。在他的倡导下，亲友、乡贤、社会爱心人士等多方筹集资金，共同打造下营寨的景观；开辟瀑布栈道，打造瀑布群落，建设山溪游泳池，发展生态农园，并完善各村配套设施。经过努力，下营寨村庄换然一新，成为热门景点，吸引许多游客前来旅游观光。

在上级相关部门的支持和帮助下，下营寨近年来代表行政村龙兴村参与各种评选活动，获得"国家森林乡村"等称号，下营寨也成为普宁市美术家协会、普宁市青年摄影家协会、普宁市乡村文化艺术协会的创作基地。

因为下营寨里的配套设施还不够完善，杨武列就要负责接待游客、提供饭食，但他乐此不疲。尽自己最大努力为游客提供一个美丽舒适的休闲环境，也向游客展现了山里人朴素的热情好客之风。为了让更多的人了解下营寨的好山好水好空气，他通过微信公众号、抖音等媒体，加大对下营寨的宣传力度。随着游客逐步增多，环境脏乱也随之而来，环境卫生成为难题。杨武列组建古村环卫义工团队，在周末和节日人流高峰时候前来打扫卫生，他自己也亲力亲为，与大家共同维护环境卫生。

6年来，杨武列日复一日地守护着下营寨，他逐渐说在外的家乡人一同加入守护家乡的队伍。在他的努力下，下营寨的人气越来越旺了。杨武列回乡守护村寨，又以干帮村民办实事。在村内村外口碑越好，得到群众的拥护。2021年村"两委"换届，他被选为龙兴村委会委员，负责3个山区自然村的基层管理工作，有时需要翻山越岭深入群众中开展服务工作。工作虽然繁杂，但是他毫无怨言，勤勤恳恳地做好本职工作。杨武列："有一分光就要发一分热，能服务好父老乡亲，就是我最大的幸福。"

揭陽日報

2022年6月 **30** 农历壬寅年六月初二
星期四 六月初九小暑

中共揭阳市委机关报 主办：揭阳日报社出版

国内统一刊号 CN44-0030 今日8版 总第10597期

跳出历史周期率的新时代答案

——习近平总书记引领百年大党推进自我革命纪实

□新华社记者

习近平在湖北武汉考察时强调

把科技的命脉牢牢掌握在自己手中
不断提升我国发展独立性自主性安全性

6月28日，中共中央总书记、国家主席、中央军委主席习近平在湖北省武汉市考察调研。这是习近平在武汉华工激光工程有限责任公司生产车间考察。 新华社记者 李涛 摄

广东永日科技有限公司抢挖订单加强研发

突出创新引领 激发企业活力

□记者 蔡烨虹

支尤南主持召开市政府常务会议，强调

全力保障粮食稳产增产

本报讯（记者 陈星星）

让古村落留住乡愁绽放新颜

——记普宁市里湖镇龙兴村下营寨回乡建设者杨武列

□记者 许小燕

青春舞者逐梦二十年

——记青年音乐舞蹈家林晓亮

　　林晓亮，揭阳市乔林乔西人，是广东省流行音乐协会潮汕委员会副秘书长、揭阳市青年音乐舞蹈协会常务副主席、揭阳市音乐家协会常务理事、揭阳市流行音乐协会副主席。从"毕业即失业"到"疯狂逆生长"，这个"80后"青年音乐舞蹈家总结了一句话："坚持！死都不怕，就不要害怕活着！"

求学路上多坎坷

　　因为从小喜欢跳舞，林晓亮选择了音乐舞蹈专业。进了中专学校，全班三十几人只有4名男生。每次演出，老师都不准许男生上台表演。为了得到上台表演的机会，林晓亮自己学习编舞，编了《渔舟唱晚》《霸王别姬》2个舞蹈，自己跳了渔翁、霸王的男主角，并成功在学校公演。反响不错。此后，林晓亮积极寻找表演独舞机会。第3年，学校舞蹈老师说没办法教男生翻空的动作，其他3个男同学老早就不想学了，也不介意老师教不教。

但林晓亮视舞蹈为生命，为了学到翻空动作，不得不挪用最后一学期的学费去拜广州军体院的老师学习翻空，并以白天帮忙打理培训点的工作来抵扣伙食费。

毕业回到家乡，让林晓亮更加沮丧的是，男舞蹈老师没人要。而当年的家乡，玉都美名正起，风头正扬，弟弟初中毕业就出来做玉，已经赚得盆满钵满，和自己形成鲜明的对比，他遭到周围人的嫌弃和取笑。为了养活自己，他当过修理摩托车学徒，做过酒店服务员，在加油站当加油工。在做摩托车学徒时，他白天工作，晚上背着二胡到进贤门、东风广场等地漫无目的地演奏。在加油站打工，月工资 600 元，他花了 1200 元买了一支长笛。轮到晚班，他就叫同事们去睡觉，自己留守，因为晚上车少，可以趁机自学笛子、箫等乐器。

追梦向前，奋发向上

机会始终是留给有准备的人。2004 年春节前，得知某私立小学要招音乐老师，林晓亮二话没说带着半年积累下来的乐器，坐上公车去面试。面试的副校长问他能教什么，他将随身携带的一本乐谱和一堆乐器放在办公桌上。按要求奏完二胡和长笛后，校长听说他还会舞蹈，带着怪异的眼神又把他带到学校的舞蹈室，林晓亮即兴展示，当即过关。回想当年，林晓亮笑着说："我只是看中了学校的舞蹈室，太诱人了，有钢琴，有毛茸茸的地毯，读书时舞蹈教室的地毯还是麻绳的。音乐室也很好，就跟校长说，有包吃包住就好，等我教出水平了，您再看发多少工资。"

2005 年新学期开始了，林晓亮冲劲十足，他负责教一二年级

音乐课，并主动开课外舞蹈兴趣班，学校干脆让他把五六年级也包了。"六一"到了，他还为学校筹办了首届"六一"会演，取得了很大成功。第2学期，他的月工资由444元涨到1200元。至今，林晓亮仍念念不忘这位好校长。

历尽艰辛终圆梦

因为对舞蹈的热爱，2005年，他毅然放弃一个月1200元的稳定工作，到一家专业舞蹈机构当舞蹈老师。在代表机构参加比赛崭露头角之后，他征求了老东家意见，决定自己创业。

2006年，他用仅存的2000多块钱和一双手，在几名热心家长的帮助下，用5000多元本钱开设了琴舞林舞蹈培训中心，圆了自己的舞蹈梦。2007年，他带着2个孩子到深圳参加比赛，受到启发。年底，筹办了潮汕艺术新星才艺大赛并取得成功，之后每2年举办一届。第二届得到市文联的大力支持，为自己培养的学生提供舞台，也为其他爱好者提供了平台。至此，他也开始立足于揭阳。

2011年，他开始走上公益之路，为孩子群体包括聋哑、自闭症、外来工子弟、留守儿童，还有部队、学校、农村和企业工厂等义教义演，到2017年总共开展了20多场。10余年来，受各级官方机构委托，成功举办了上千场活动，学生也在省、市各级比赛中获得好成绩。

记者手记

一个"80后"年轻人，为了舞蹈，努力考上专业学校，虽然只是中专，但孜孜以求，却因为偏见从在学校开始就被剥夺了表演的机会。为了争取上台表演的机会，自己学习编舞，强行通过角色把自己的表演机会夺了回来。却无意间得罪了学校的"重要"人物，连毕业证都无法拿到手，被逼得走上绝路。大难不死，必有后福。凭着百折不挠的精神，终于从困境中走出来，创办了揭阳市区第 2 家舞蹈培训机构，当上了名副其实的舞蹈老师。

从 2010 年开始，他收获了丰富的成果。承办了全国少儿才艺大赛的区域赛，有亚组委宣传部主办的"我为亚运添姿彩"少儿才艺大赛揭阳赛区活动、广东南方少儿频道主办的"小太阳小公主"少儿才艺大赛粤东赛区活动。2014 年至 2017 年，为中国淘宝村军埔电商策划组织活动，包括"月光盛典"、双十一、双十二、电商协会成立等主题活动；2014 年至 2019 年，策划组织第 6、7、8 届团市委主办的"揭阳市十大青年歌手大赛"，该歌手大赛是目前揭阳地面最为权威和有传承性的唱歌比赛；2014 年策划组织由广东省新闻出版局主办的"我们正年轻"中老年人才艺大赛；2015 年协助策划揭阳电视台"活力宝贝"栏目；2016 年策划组织由广东广电网络主办的"花开朵朵"电视少儿才艺大赛；2016 年和 2017 年策划组织"揭阳市茶文化节"活动；2017 年策划组织由榕城妇联主办的"十大巾帼歌手大赛"；策划组织揭阳边防官兵集体婚礼活动；策划组织由团市委主办的"揭阳市第六届青少年舞蹈大赛"；策划组织"亚洲（潮汕）动漫节"；2017 年至 2019 年，连续三年策划组织团市委和地方多个团区委单位的五四主题活动；2018 年至 2020 年，连续三年策划组织"揭阳 12·5"国际志愿者日公益节，由团市委主办；2019 年策划组织揭阳"世界舞蹈日"公益系列活动，开设了跳舞、写舞、画舞、说舞的专题，为民间舞蹈爱好者提供展示舞姿的舞台，呼吁学生用写信的方式表达对舞蹈的热爱，组织会画画的孩子针对舞蹈进行作画，邀请舞蹈专家开设普及舞蹈知识公益讲座。

他在经济压力缓和之后开始谋求公益。2013年开始接触弱势孩子群体，包括聋儿、自闭症儿童、外来打工子弟孩子、留守儿童等，便组织一群文艺青年用工作之余的时间，做义教工作，包括教他们唱歌、跳舞、画画等。他在市残联聋儿康复中心义教了4年舞蹈，每年3月3日和六一都与孩子一起举办节日活动，还组织聋儿小朋友到外面的大舞台表演。与儿童自闭症康复协会合作，每年4月2日举办"星星的孩子"融合活动。针对留守儿童和外来打工子弟学校孩子的义教，不仅在市区周边进行，还远到惠来仙庵、揭西上砂等地方。还到部队、学校、农村和企业工厂义演。一直到2017年，总共开展了20多场演出。

他还把潮汕本土民俗文化糅合到舞蹈中，利用舞蹈宣传传播。2013年以乔林烟花火龙和阳美玉雕为主题，创作原创舞蹈《红龙戏碧珠》，成为揭阳市唯一代表节目，参加广东省文化厅、广东省教育厅、广东省妇联主办的第九届少儿艺术花会，获得三等奖。2015年发起"3·21揭阳世界儿歌日"公益主题活动，旨在发掘本土原创儿歌，甚至潮汕文化儿童歌曲，每年举办一届。并策划揭阳市榕城区"出花园"成人礼暨潮汕民俗文化展，以团榕城区委和榕城区文化馆为主办单位，至今连续7届。2013年和2015年，策划组织一批本土的音乐舞蹈青年，拍摄超千人的原创励志歌曲《让梦起舞》和《希望在前方》等。

疫情影响下，无法做线下活动，2020年策划组织团揭东区委

"揭东区首届抖音十大青年歌手大赛"；2020 年和 2021 年"出花园"成人礼民俗活动，以 3D 线上直播的形式开展，让本土民俗活动通过网络传播得更广；2021 年和 2022 年，通过 3D 直播形式，策划发起"行彩桥"民俗普及活动，通过对非遗传承人和相关文创老师的访谈，助力活力古城宣传；2022 年举行了原创励志歌曲《展翅吧青春》线上发布会。

因为是刚做老师，校长就安排了一位有经验的老师带着他，说是这个年龄孩子比较好教，不会太调皮。那时放学后第二课堂时间，他还要求开设了一个舞蹈兴趣班。有一次，跟这位带他的老师聊天，她就说现在五六年级的孩子太难教了，都不喜欢唱课本里的歌，说太老了，要唱网络歌曲。于是，林晓亮主动跟她说，不如让他试试看。后来，那一个学期五六年级的音乐课他也包了，他用的是讲音乐故事和欣赏的方式引导，其实后来孩子都挺喜欢的（比如这节课要学唱《歌声与微笑》，正常这个年龄的孩子都会觉得这个歌曲太幼稚了，太老了。他就会先给学生讲创作者谷建芬老师的故事，讲到她教出了那英、刘欢、孙楠等流行歌手的故事，最后再回归歌曲，这样孩子就会觉得这个创作的老师很厉害，歌曲可以试着接受）。直到前几年他在步行街组织一场表演，一个歌手候场时叫了他一声"老师"，跟他说起当时读六年级就是因为上了他的课，后来走上音乐这条道路。这件事使他感觉音乐教育启蒙也是十分重要的。于是 2011 年，他组织一批青年舞蹈老师，策划发起"百园起舞"公益教学计划，走进幼儿园普及科学趣味舞蹈教学。

他坦言在学校当老师的一年里，自己也学习到了很多教学的窍门。很感恩曾经那位校长给了他学习的机会。还有文广新局林灵志科长、揭阳市音乐家协会陈少跃老师等前辈，在他们的引导下，他越来越喜欢本土文化，也更加热心组织艺术青年走上公益的道路。

青春舞者逐梦二十年
——记揭阳市青年音乐舞蹈家林晓亮

□记者 许小鸣

林晓亮是揭阳市乔林乔西人，广东省流行音乐协会潮汕委员会副秘书长、揭阳市青年音乐舞蹈协会常务副主席、揭阳市音乐家协会常务理事、揭阳市流行音乐协会副主席。这位"80后"男青年凭借百折不挠的精神，创办了舞蹈培训机构，圆了自己多年的舞蹈梦。

追梦向前奋发向上

林晓亮从小喜欢跳舞，在求学时期，为得到上台表演的机会，林晓亮努力学习编舞，不但编排了《渔舟唱晚》《霸王别姬》二个舞蹈，自己还跳了渔翁、霸王的男主角，并成功在学校公演受到好评。视舞蹈为生命的林晓亮，为了学到空翻动作，不得不离开家乡，到异地求学。

毕业后回到家乡，林晓亮白天打工，晚上自学笛子等乐器。机会始终是留给有准备的人。2004年春节前夕，得知某

私立小学要招聘音乐老师，林晓亮二话没说带着乐器，坐上公交车去面试。学校副校长问他能教什么，他将随身携带的一本乐谱和一堆乐器放在办公桌上，按要求演奏乐曲。听说林晓亮还会舞蹈，副校长又把他带到学校的舞蹈室，林晓亮即兴表演获得认可，当即过关。回想当年，林晓亮笑着说："我只是看中了学校的舞蹈室，太诱人了，有钢琴，有毛茸茸的地毯，读书时舞蹈教室的地毯还是麻绳的。音乐室也很好，就跟副校长说，有包吃包住就好，等我教出水平了，您再看发多少工资。"

▶下转第6版

揭陽日報

2022年6月 **7**
星期二
农历壬寅年五月初九
五月廿三夏至

中共揭阳市委主管、主办 揭阳日报社出版
国内统一刊号 CN44-0032 今日8版 总第 10574 期

"我们将坚持把论文写在田野大地上"

总书记和人民心连心

□新华社记者 吴佳佳 吴文

习近平同志《论"三农"工作》出版发行

新华社北京6月6日电 中共中央党史和文献研究院...

增值税发票数据显示：

端午假期商品消费升温

新华社北京6月6日电...

关注 2022 年高考

王胜带队检查高考准备工作，强调

坚持以考生为本 全力以赴护航高考

本报讯（记者 潘彬彬 通讯员 谢佳）

陈小锋到揭阳产业园调研推动挂钩重点项目建设工作

助推玉文化产业高质量发展

本报讯（记者 李桂平）

我市5万多名考生今起参加高考

按疫情防控要求共设6类考点

本报讯（记者 潘彬彬 通讯员 林永昌）

我市组织收看全省强降雨防御视频调度会议并部署相关工作

全力保障高考顺利和防汛安全

本报讯（记者 何小兰）

我市开展以学校食堂及周边食品经营单位为重点的食品安全专项检查

切实保障高考期间学校食品安全

本报讯（记者 蔡泽青 通讯员 黄俊）

把党的政策落实得更实更细更有效 深入开展"三个一"活动

市住房公积金管理中心不断提升服务质效

线上线下同步推进 群众办事省时省力

□记者 高扬祥

青春舞者逐梦二十年

——记揭阳市青年音乐舞蹈家林晓亮

□记者 曾小琼

后 记

2022 年 8 月 25 日，文稿在报纸"奋斗者"栏目连载推出结束后，就开始联系出版社，准备结集出版成书。但因各种客观原因而耽搁了，出版一拖再拖，于是，就拖过了年。

这本书是市总工会领导及机关全体同仁共同的心血，特别是负责相关工作的同志，非常辛苦，一直在忙碌。感谢他们的辛勤付出，让这本书顺利出版。

市总工会

2023 年 3 月 17 日